工廠叢書 ⑩

工廠管理標準作業流程（增訂三版）

余幼龍/編著

憲業企管顧問有限公司　　發行

《工廠管理標準作業流程》 增訂三版

序 言

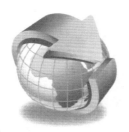

　　本書是專門介紹工廠內部各種管理工作的標準作業操作流程，逐條說明，並配合流程圖講解。

　　體育專家曾對幾位奪得過 110 米欄的世界冠軍進行了分析，並將他們連續複雜的動作分解為簡單的步驟。最後整理出簡明的、可參照的訓練流程，然後指導 110 米欄的運動員按照這個流程訓練，結果運動員成績提高很快。這就是按流程辦事帶來的高效率。

　　全球管理諮詢公司的顧問說：「你所要做的事，如果以前有人做過，你最好把這個人找出來。如果你能把他的成功經驗流程化，然後按流程去執行，你就一定可以提高績效。」這句話充分肯定了按流程辦事的價值。

　　戴爾、沃爾瑪、麥當勞等跨國企業的成功，都得益於流程標準化的作法，高度統一的標準化管理，加上其先進的資訊技術的應用，為其標準化提供了強有力的支援，大大加快了其擴張速度，降低了運營成本，佔據了市場的主導地位。

　　本書上市後，就獲得眾多企業的團體採購，此次是 2017 年 5 月增訂三版新書，內容架構更齊全，管理流程與管理辦法並列，

讀者千萬不要錯過此書。

一、作業流程標準化是企業做大做強的關鍵

標準化經營管理就是在企業管理中，針對經營管理中的每一個環節、每一個部門、每一個崗位，以人本為核心，制定細而又細的科學化、量化的標準，按標準進行管理。更重要的是標準化經營與管理能使企業在連鎖和兼併中，成功地進行「複製」或「克隆」，使企業的經營管理模式在擴張中不走樣，不變味，使企業以最少的投入獲得最大的經濟效益。

隨著企業規模的不斷發展，僅憑手工方式和人腦不可能做到，而且標準化的目的之一就是最大限度地排除人為因素和不確定因素的干擾，這些都必須通過資訊技術手段的應用來實現。標準化管理實際上就是一種基於資訊技術的規範化的現代化管理。

管理的標準化是為了便於進行自身發展過程中快速複製，而這需要一個過程，它包含著企業發展戰略、流程、服務等貫穿企業全程管理的一項複雜的系統工程。

邁克爾‧哈默教授的著名論斷，「任何流程都比沒有流程強，好流程比壞流程強，但是，即便是好流程也需要改善。」

企業的業務流程以客戶需求以及資源投入為起點，以滿足客戶需要、為企業創造有價值的產品或服務為終點，它決定企業資源的運行效率和效果。業務流程是連接輸入、輸出一系列環節的活動要素，包括活動間的連接方式、承擔人及完成活動的方式。

一套科學完善的管理流程，可以使企業更加高效順暢的運轉，可以使企業各職能部門分工明確、職責清晰、監控有力、處置及時，可以充分調動全體企業人的積極性和創造力，可以使企業統一協調、目標明確、鼓勵創新、團結高效，可以引導企業走向新的輝煌。

企業業務流程標準化是衡量一個企業管理水準的重要標誌，是保

證企業各項作業順利進行的前提，也是企業做大做強的必由之路。

二、 什麼是作業流程管理標準化

業務流程是為達到特定的價值目標而由不同的人分別共同完成的一系列活動。

1.流程管理要解決的問題

(1)管理授權陷入兩難；

(2)工作目標失控；

(3)工作銜接不協調，造成瓶頸或死角；

(4)工作主輔不分；

(5)企業內部工作目標模糊；

(6)工作秩序混亂。

2.流程管理的九個特徵

(1)強調企業經營活動的中心只是服務於客戶價值；

(2)強調管理者與被管理者的平等；

(3)內部職責分工不再僵化；

(4)強調企業是一個有機系統、是一個無邊界組織；

(5)強調打破塊塊、條條，按照團隊形式組織企業運行；

(6)企業內部所有活動的目標，明確指向客戶價值的滿足和企業價值的增殖；

(7)沒有人擁有絕對不變的權力，每個人所服從的僅僅是由客戶價值創造和企業價值的增殖目標主導的流程；

(8)影響改變人們意志行為的方式主要是社會群體獎勵，經濟福利獎勵主要落在團隊集體中。

(9)這裏不再有龐大的中間管理階層。

邁克爾‧哈默指出沒有流程管理的企業運營有著驚人的低效率：在一般企業的正常工作中，有 85%的人沒有為企業發展創造價值。

其中：5%的人看不出來是在工作；25%的人似乎正在等待什麼；30%的人只是在為庫存而工作，即為增加庫存而工作；最後還有 25%的人，是以低效率的方法和標準在工作。

業務流程標準化主要體現在三個方面：規範化、文件化、相對固定。業務流程標準化是企業發展的必然趨勢，業務流程標準化設計的目標有：

⑴簡化工作手續；

⑵減少管理層級；

⑶消除重疊機構和重覆業務；

⑷打破部門界限；

⑸跨部門業務合作；

⑹許多工作平行處理；

⑺縮短工作週期。

企業的業務流程標準化為企業建立了一種柔性的業務流程，使得整個企業像一條生產線一樣，迅速適應用戶的需求，使整個企業生產運營過程機動、靈活，能夠根據企業市場戰略的調整而迅速改變，能夠及時應對突發事件，能夠以最大效率最小成本完成企業各項活動。

三、 企業要檢討作業流程是否正常運作

企業也必須查證管理流程是否確實在運行。大多數人在不知不覺中忽視了管理流程而為所欲為，而在忽視了管理制度後只要沒有出什麼紕漏，那麼以後就會一而再，再而三地馬虎起來，終於形成了習慣，最後，習慣就變成了自然。

有這麼一個企業案例，電纜廠的廠長，接到警察局的電話：

「貴公司最近是不是有產品被偷？」

廠長一口否定，因為工廠內部已確立了「內部稽查制度」，並嚴格注意「產品保管管理」，所以不可能會發生失竊，更何況，他們沒

有獲得任何有關失竊的報告。

但員警卻說：「我們所扣押的人說他手上的電線是從貴公司偷來的，人贓俱在。總之，還是請你們來一趟吧。」

廠長到了警察局一看，不錯！這些電線正是工廠的產品，而竊賊是工廠裏的銷貨員。

該電纜廠的提貨程序如下：

①銷貨員開出售貨傳票以及出貨請求單。

②出貨請求單必須得到銷售負責人蓋章確認。

③倉庫管理員見到蓋有銷售許可章的出貨請求單後，親自將產品交給銷貨員。

④交貨給銷售員時，倉庫管理員開具「產品出貨傳票」（共四聯）。其中，給銷售貨員「交貨單」和「領貨收據」，另外是轉交材料部門的「出貨單」和倉庫管理部門留存的「出貨單副本」。

⑤銷貨員將產品交給買方，買方在「領貨收據」上簽章，銷售員收回後轉交會計部門。

如果嚴格按照這個程序，照理不應發生違法行為才對。但事實上，倉庫管理員並未嚴格照章辦事，銷貨員與倉庫管理員交情很好，彼此是朋友。

這樣一來，當倉庫管理員正巧很忙時，銷貨員常說：

「喂！你這麼忙，我也很著急，我把出貨的單放在這兒，東西我先拿走啦！」幾次之後，如果不曾有什麼差錯，倉庫管理員就會鬆懈下來。

等到以後再遇到工作忙的時候，倉庫管理員就會主動開口：「對不起，我忙得很，你自己去拿吧。」終於發生了這種紕漏。

四、作業流程管理標準化的兩個操作案例

麥當勞的標準化業務流程是它成功的關鍵。麥當勞為了保證食品

的衛生，制定了規範的員工洗手方法：將手洗淨並用水將肥皂洗滌乾淨後，撮取一小劑麥當勞特製的清潔消毒劑，放在手心，雙手揉擦 20 秒鐘，然後再用清水沖淨。兩手徹底清洗後，再用烘乾機烘乾雙手，不能用毛巾擦乾。

麥當勞為了方便顧客外帶食品且避免在路上傾倒或溢出來，會事先把準備賣給乘客的漢堡包和炸薯條裝進塑膠盒或紙袋，將塑膠刀、叉、匙、餐巾紙、吸管等用紙袋包好，隨同食物一起交給乘客。而且在飲料杯蓋上，也預先劃好十字口，以便顧客插入吸管。

《麥當勞手冊》包含了麥當勞所有服務的每個過程和細節，例如「一定要轉動漢堡包，而不要翻動漢堡包」，或者「如果巨無霸做好後 10 分鐘內沒有人買，法國薯條做好 7 分鐘後沒人買就一定要扔掉。」「收款員一定要與顧客保持眼神的交流並保持微笑」等等，甚至詳細規定了賣奶昔的時候應該怎樣拿杯子、開關機器、裝奶昔直到賣出的所有程序步驟。

早期的麥當勞非常希望自己的一線員工具備很強的算術能力，因為當時的資訊化結算程度很低，櫃檯的銷售人員每天都需要面對大量的顧客，進行不同類型的產品組合，所以需要他們能夠快速準確的計算出顧客所購買產品的價格。而如今，麥當勞的員工不需要知道產品的價格，不需要具備算術能力，只要認識字，甚至只要認識圖片，就能夠很輕鬆的滿足顧客需要，並且服務效率大幅度的提升。由於麥當勞嚴密的業務流程和詳盡的規章制度，使餐飲企業頭痛的「統一」問題輕鬆解決了。

另一個業務流程標準化成功的典型例子是戴爾公司。據調查，戴爾公司的銷售系統已經完全實現了標準化、流程化。戴爾面向中小企業與個人用戶的銷售以電話銷售為主，電話銷售員足不出戶，所以叫 Inside Sales（內部銷售）。

客戶從各種宣傳媒體得到 Dell 的產品配置、價格、促銷資訊後，打 800 電話到 Dell 諮詢。Dell 的內部系統 Call Center（呼叫中心）會根據一定的規則自動把電話分配到某一個電話銷售員座席。電話銷售員先輸入客戶的名字、所在地等資訊，這時候 IT 系統就發揮智慧作用了。如果在 Dell 的內部數據庫已經有了該用戶，電話銷售員就能立即在電腦螢幕上看到該用戶以前曾經買過什麼型號、數量多少、折扣多少、以前出過什麼問題、投訴什麼、如何解決等資訊。只要電話銷售員在螢幕上的下拉式功能表中選擇用戶需要的型號，就可以立即在電腦螢幕上看到該型號詳細配置、功能、定位、優點，電話銷售員只需要照著螢幕念就行了。對於該型號常見的問題，電腦數據庫也有標準的 Q&A（問與答），電話銷售員也只需要照念就行。

　　電腦銷售管理系統自動生成該銷售員的業績：接聽電話數量、成交率、平均處理時間、銷售額等等。當然，電話銷售員的線上狀態、出去了幾次（包括上廁所）等資料系統都會自動記錄。Dell 電話銷售的主要業務是 Income Call（呼入電話）。

　　業務流程標準化，可以使企業從上到下有一個統一的標準，形成統一的思想和行動；可以提高產品質量和勞動效率，減少資源浪費；有利於提高服務質量，樹立企業形象。業務流程標準化成了企業發展的趨勢和潮流。

2017 年 6 月

《工廠管理標準作業流程》 增訂三版

目　錄

1 生產計劃流程

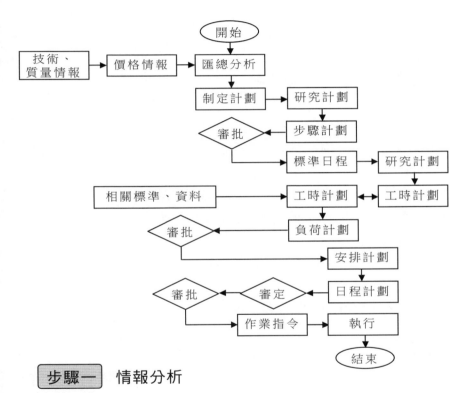

步驟一 情報分析

(1)流程

· 技術部負責收集本行業國際、國內有關技術方面的情報資訊

· 質量部負責收集本行業國際、國內有關質量方面的情報資訊

· 銷售部負責收集本行業國際、國內有關的產品價格方面的情報資訊

- 生產部對技術部、質量部、銷售部所提供的各方面情報資訊進行匯總，並加以分析

(2) 重點

- 生產部對各方面的情報資訊進行分析研究

(3) 標準

- 情報資訊分析研究及時、準確

步驟二 制定步驟計劃

(1) 流程

- 生產部制定公司生產計劃
- 公司生產計劃得到主管批准後，生產部下達給各生產單位進行研究
- 各生產單位編制本單位的生產步驟計劃
- 各單位的生產步驟計劃報生產部進行審批

(2) 重點

- 各生產單位生產步驟計劃的編制

(3) 標準

- 生產步驟計劃編制合理、可行

步驟三 制定工時計劃、負荷計劃

(1) 流程

- 各生產單位編制生產日程標準
- 各生產組在研究計劃的基礎上，與單位一同編制工時計劃
- 各生產單位編制生產負荷計劃
- 生產工時計劃與負荷計劃報生產部進行審批

(2)重點
· 工時計劃、負荷計劃的編制
(3)標準
· 計劃編制不影響公司生產進度

步驟四 計劃安排

(1)流程
· 各生產班組對各種生產計劃進行詳細週密的安排
· 各生產班組編制具體的日程計劃
· 日程計劃報本單位主管審定
· 日程計劃報生產部進行審批
(2)重點
· 各生產班組日程計劃的編制
(3)標準
· 計劃安排週密、妥當

步驟五 生產作業指令

(1)流程
· 各生產單位根據生產部審批的日程計劃,向各生產班組下達生產作業指令
· 各生產班組嚴格執行本單位主管下達的生產作業指令
(2)重點
· 生產作業指令的執行
(3)標準
· 生產計劃的全面、保質保量完成

2 生產計劃管理流程

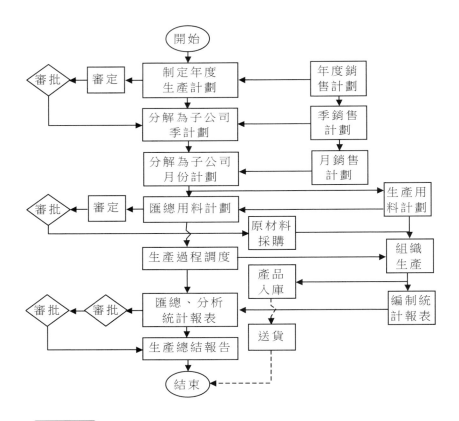

步驟一 制定年生產計劃

(1)流程

· 由生產部組織下屬各生產單位負責人召開年生產計劃會，根據
公司發展戰略和經營計劃規定的經營目標和年銷售計劃，制定

當年的生產計劃(3個工作日內)。

· 報生產總監審定,生產總監應提出自己的意見和建議(1個工作
日內)。

· 報公司總裁審批(即時)。

(2)重點

· 制定年生產計劃的過程。

(3)標準

· 控制產銷平衡,各生產單位產量平衡,品種齊全,符合客戶要
求。

步驟二 分解季生產計劃

(1)流程

· 年生產計劃經總裁批准後,由生產部組織下屬各生產單位負責
人召開季生產計劃會,按照季銷售計劃要求將年生產計劃分解
為各生產單位季生產計劃(1個工作日內)。

· 每季一次季生產計劃會。

(2)重點

· 生產任務按品種、規格、數量進行分解。

(3)標準

· 控制產銷平衡,填寫生產計劃統計報表。

步驟三 制定月生產計劃

(1)流程

· 由生產部組織下屬各生產單位負責人召開階段生產計劃會,按
照月銷售計劃要求制定各子公司月生產計劃(2個工作日內)。

· 每月召開一次月生產計劃會。

(2)重點
- 制定月各子公司的生產作業計劃。

(3)標準
- 生產計劃與設備維護、品質、安全、環保、資源等各種計劃同時下達。

步驟四　匯總原材料使用計劃

(1)流程
- 各下屬生產單位向生產部上報生產用料的品種、數量、品質等計劃（1個工作日內）。
- 生產部匯總各下屬生產單位用料計劃（1個工作日內）。
- 報財務部進行費用審核（1個工作日內）。
- 根據購買額度及公司的審批權限，報生產總監或公司總裁進行審批（1個工作日內）。
- 計劃批准後，由生產部統一報給供應部，準備生產用原材料（1個工作日內）。

(2)重點
- 生產用料的匯總、核實。

(3)標準
- 填寫採購原材料計劃單。

步驟五　生產過程調度

(1)流程
- 生產部進行各下屬單位生產過程的平衡、控制，合理調度公用工程系統資源、人力資源等，對生產現場及時進行監督、管理（依生產過程確定生產調度會議每月5日召開）。

· 各下屬生產單位按計劃組織生產；按季、月召開生產調度會議，對生產過程中的問題進行平衡、協調、調度，生產嚴格按計劃進行，產成品通過質檢入庫（依生產過程確定生產調度會議每月5日召開）。

(2) 重點

· 生產過程中的安全、品質、成本等因素的控制。

(3) 標準

· 檢查、控制生產過程的記錄。

步驟六 匯總統計報表

(1) 流程

· 各下屬生產單位按要求填報生產統計報表（1個工作日內）。

· 生產部匯總完成公司的生產統計報表；計劃完成情況分析報告（1個工作日內）。

· 報生產總監審批，並提出自己的意見（1個工作日內）。

· 報總裁審批。

(2) 重點

· 報表的匯總和計劃完成情況分析報告。

(3) 標準

· 報表的準確及時；原因分析確切。

· 其他經濟技術指標的統計。

3 生產供應計劃管理流程

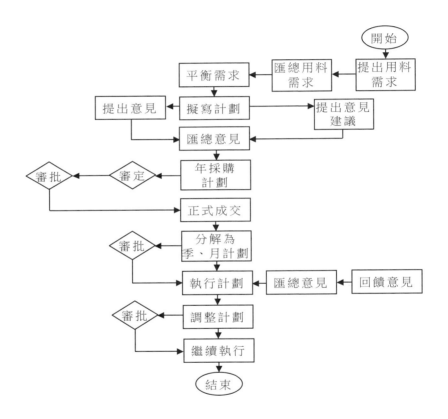

步驟一 平衡供應需求

(1)流程

· 各生產單位根據本單位生產實際情況,提出用料需求,編制用
  料需求計劃(2個工作日內)。

- 由生產部匯總各生產單位的用料需求,提出修改意見後,報送供應部(2個工作日內)。
- 供應部對生產部報關的各生產單位的用料需求計劃進行分析、研究,並進行綜合平衡(2個工作日內)。

(2)重點
- 對各生產單位用料計劃的平衡、協調。

(3)標準
- 公司供應計劃編制的合理、可行。

步驟二 編制年供應計劃

(1)流程
- 由供應部擬寫公司採購計劃。
- 供應部在擬寫計劃的同時,生產總監、生產部,以及各生產單位應提出自己的意見和建議(隨時)。
- 供應部匯總各方面的意見和建議,進行分析研究,對合理可行的意見應予採納(即時)。
- 供應部在廣泛聽取意見的基礎上,編寫公司年採購計劃(5個工作日內)。
- 供應部年採購計劃,報生產總監審定(1個工作日內)。
- 採購計劃經生產總監審定後,報總裁審批(1個工作日內)。
- 年採購計劃經總裁審批後,供應部正式成文並嚴格執行。

(2)重點
- 公司年採購計劃的編制。

(3)標準
- 年採購計劃編制及時、可行。

步驟三 分解年採購計劃

(1)流程

· 供應部將年採購計劃分解為公司季、月採購計劃（3個工作日內）。

· 公司季、月採購計劃報生產總監審批（1個工作日內）

(2)重點

· 季、月採購計劃的編制。

(3)標準

· 將季、月採購計劃編制及時、可行。

步驟四 調整計劃

(1)流程

· 供應部執行生產總監批准的季、月採購計劃（隨時）。

· 各生產單位根據實際生產情況，對供應部的採購工作提出回饋意見和建議（隨時）。

· 生產部及時匯總各生產單位提出的意見和建議，並進行分析、綜合，報送供應部（2個工作日內）。

· 供應部根據生產部及各生產單位提出的回饋意見和建議，及時對供應計劃進行調整、修改（2個工作日內）。

· 供應部將修改的計劃報供應總監審批後，繼續執行採購計劃（1個工作日內）。

(2)重點

· 公司採購計劃的補充、調整、修改。

(3)標準

· 採購任務的及時完成。

4 生產計劃接單流程

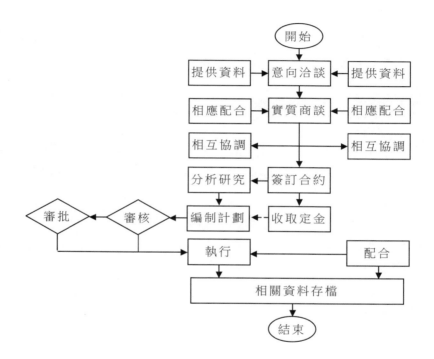

步驟一 簽訂合約

(1) 流程

· 銷售部與客戶進行意向性洽談，生產部與其他相關職能部門提供有關資料（依情況定）

· 銷售部與客戶進入實質性洽談階段，生產部與其他相關職能部門積極進行配合（依情況定）

· 銷售部與生產部及其他相關職能部門相互協調,努力使談判順利進行(依情況定)
· 銷售部與客戶正式簽訂合約(依情況定)
(2) 重點
· 銷售合約的簽訂
(3) 標準
· 銷售合約簽訂及時,無違反法律法規事項

步驟二　生產計劃編制

(1) 流程
· 生產部仔細分析、研究銷售部與客戶簽訂的合約(即時)
· 根據銷售合約中的要求,生產部編制相應的生產計劃(2個工作日內)
· 生產計劃報生產總監審核(1個工作日內)
· 生產計劃報總裁審批(1個工作日內)
(2) 重點
· 生產部具體生產計劃的編制
(3) 標準
· 生產計劃編制週密、詳細,與合約相符

步驟三　執行

(1) 流程
· 生產計劃經總裁審批後,由生產部組織有關生產單位執行(依情況定)
· 在執行過程中,銷售部及有關職能部門進行相應的配合(依情況定)

‧ 生產計劃接單過程中的有關資料,各生產部、銷售部及相關職
能部門妥善進行保管(即時)

(2)重點

‧ 生產計劃的執行

(3)標準

‧ 生產計劃的全面、保質保量完成

5 生產計劃實施流程

實施生產計劃是生產調度的主要任務,而不同時期的生產作業計
劃,都有著不同的生產內容和不同的工作重點,生產主管只有掌握生
產作業計劃工作的重點,並圍繞重點開展調度工作,才能保證生產計
劃總體目標的實現。

步驟一 掌握年工作重點

調度年工作重點通常是這樣的:第一季要爭取「開門紅」,取得
好的成績,為全年生產創造良好的開端,打下堅實的基礎;第二季要
保證上半年生產任務的完成,實現時間、任務「雙過半」。

由於每一季所處時令節氣不同,自然環境因素的影響也不同,或
有利於生產的進行,或不利於生產的進行。適逢各種節假日,員工的
情緒以及出勤率等都與平時有所不同。再加上企業責任制等對生產管
理的衝擊,無疑給調度工作增加了一定的困難。

完善的後勤保障和安全措施,都是生產的促進力量,有利於調度

工作的開展。

步驟二　做好調度月、旬工作重點

　　調度月、旬工作重點與年工作重點類似，只不過月、旬工作重點更具體、更明確而已。調度方法仍然是抓前保後，首先要抓好上旬的生產，做到上旬不欠產，中旬爭取穩定和多超產，下旬才能有完成月生產計劃的餘地。這是因為，下旬在確保完成月生產計劃的基礎上，還要為下月生產做好準備。

　　若當月正趕上生產安全月、質量月等活動時，調度工作理所當然也要把工作重點轉移到這方面來。借此促進員工工作積極性，使計劃完成得更好。

步驟三　做好調度日工作重點

　　調度日工作重點主要根據當日作業計劃和作業指示圖表進行。在穩定生產的前提下，要集中精力，突出解決影響生產的重大問題。如有必要，可召開班前調度會，介紹前兩班生產情況或前日的生產狀況以及當班任務，明確要達到的生產目標和要採取的具體措施，並由當班調度組織兌現。特別是在上一班生產不穩定或出現事故而沒有完成計劃，且問題還沒有徹底解決而影響本班生產任務完成時尤為重要。

　　在這種情況下，儘快處理事故、解決問題、恢復正常生產，就成了當班調度工作的當務之急。

步驟四　做好生產計劃完成情況預報

　　生產計劃完成情況預報是指將實際生產情況和生產計劃進行對比，作出能否完成、是超產還是欠產的預測。要求做到：

1. 掌握生產動態

通過對生產技術過程的全面瞭解，指出生產是均衡還是波動；生產效率是提高還是下降；設備、人員、場地的利用情況等。

2. 掌握生產發展趨勢

通過對各生產要素的條件變化和發展趨勢的調查瞭解，指出對生產是有利還是不利；是發展提高還是後退滑坡，以及可能解決的程度。

3. 掌握生產規律

根據以往的經驗和教訓及有關數據的統計分析，找出各生產因素與生產活動間的因果關係。結合當前的生產條件和可能，掌握在什麼情況下生產容易反常，或向有益方向發展，或容易出現問題，對各生產環節都有什麼樣的影響，以及所應採取的對策等。

步驟五 做好生產趨勢預報

生產趨勢預報是在掌握大量的有關生產數據的前提下作出的。即在掌握了各生產環節及生產計劃完成情況、設備狀況，摸清潛在的問題和有利因素，經過動態分析，向主管提供近期內（一般如此）產量、品質升降的預報或諮詢材料。

6 生產交期確定流程

步驟一 制定大量生產出產進度計劃

大量生產的企業，產品品種少，產量大，而且比較固定。因此，這種類型的企業安排產品出產進度，主要是確定各月以至每日的產量。為了滿足市場對各種產品存在的季節性需求，企業可用庫存量來調節，考慮庫存、生產和銷售諸因素，進行安排決策。據此，可用下面幾種安排方法。

1.平均安排法

平均安排法就是根據年生產總量，進行完全均衡的安排。具體計算方法和步驟是：

- 分月列出一年的有效工作天數。
- 求出日產量，根據年計劃生產總量和年有效工作日數進行計算：日產量＝年計劃生產總量÷年有效工作日數
- 根據日產量和各月有效工作日數安排各月的產量。
- 列出生產日庫存計劃表。

2.配合銷售量變化安排法

配合銷售量變化安排法是根據各月的計劃銷售量的變化來安排生產任務。用這種方法安排生產任務，總庫存量會很小，但當銷售量存在季節性變化比較大時，就會產生某些月份生產能力不足，而必須採取加班加點等措施來解決，從而可能影響產品質量、增加薪資支出等，但節約了流動資金。

步驟二 制定成批生產出產進度計劃

在成批生產情況下，產品品種較多，少數品種產量大，定期或不定期地輪番生產，產品數量、出產期限的要求各不相同。因此，成批生產企業產品出產進度安排，要著重解決不同時期、不同品種的合理搭配和按季、按月分配產品產量。

合理地搭配產品品種和分配產品產量是一項比較複雜的工作，即使生產的品種不是很多，也會存在多種安排方案，因此，只有在特殊情況下可以應用數學方法（如用線性規劃方法），得出最優的安排方案。一般都是應用搜索法進行安排。採用搜索法安排產品出產進度的具體方法是：

1. 對企業的主導產品，即經常生產且產量較大的產品，應首先給予安排。在符合銷售計劃要求的前提下，在全年各月份裏都給予較均衡的安排。這樣，可以保持企業生產具有一定的穩定性。

2. 在不減少全年產品品種的前提下，盡可能減少同期（一季或一月）生產的品種數，以便在同期內擴大產品批量。對小批生產的產品，組織集中輪番生產，簡化生產組織工作，提高效益。

3. 組織同類型（同系列）產品集中連續生產。同類型（同系列）產品，其結構有很多相同之處，大部份零件可以通用，可以組織同類型零件的集中生產，這樣就擴大了生產批量，可提高效益。

4. 需要關鍵設備加工的產品，要適當分散，使關鍵設備和大型設備的負荷均勻，新產品與老產品要合理搭配，以保證生產技術準備工作的均衡負荷。

5. 盡可能使各種產品在各季、各月的產量，同該產品的生產批量相等或成倍數，以有利於生產作業計劃的組織工作。

步驟三 制定單件小批生產出產進度計劃

單件小批生產企業，產品品種較多，而且是不重覆生產或很少重覆生產的。因此，在這類企業裏，主要是根據用戶的要求，按照訂貨合約來組織生產。但是在編制年生產計劃時，往往只能肯定一部份訂貨項目，大部份生產任務還不能具體確定，所以這種類型的企業，在安排生產任務時，應注意以下一些問題：

先安排已明確的生產任務，對那些沒有明確的任務，以概略的計量單位（噸、千瓦、工時等）進行初步安排。當各項訂貨具體落實後，可通過季、月計劃對原初步安排進行調整。要考慮生產技術準備工作的進度和負荷的均衡，保證訂貨按期投入生產。要做好設備、人員的生產負荷均衡及生產能力的核算平衡工作。

企業要根據自己的實際情況，制定準確合理的產品出產進度計劃，保持良好的生產進度，與年總生產作業計劃合理銜接。

7 生產流水線設計流程

步驟一 確定流水線類型

1. 按流水線生產對象的數目分

單一對象流水線（不變流水線）。只固定生產一種產品，品種單一，屬大量生產類型。

多對象流水線。生產兩種或兩種以上的產品，它還可再分為：可變流水線，即固定成批輪番地生產幾種產品；混合流水線，即在一定

時間內同時生產幾種產品，在變換品種時，基本上不需要調整設備和技術裝備。

2.按生產過程的連續程度分

連續流水線。生產加工對象在流水線上的加工是連續不斷進行的，沒有等待停歇現象。它適用於大量生產，是一種理想的流水線形式。

間斷流水線。由於流水線上各工序的加工時間不相等或不成正整數倍，生產能力不平衡，生產對象在各工序之間會出現停放等待及時間間斷等現象。

3.按產品運輸方式分

無專用運輸設備流水線。流水線操作人員直接用手利用普通的運輸器具將製品傳送給下道工序。

有專用運輸設備流水線。採用專用運輸設備在工序之間運送製品。

步驟二　滿足流水線生產適用條件

可將產品生產的各工序細分或合併，各道工序時間與節拍相等或成整數倍。

企業廠房建築和生產面積足夠大，能安裝流水生產線設備、技術裝置和運輸傳送裝置。

企業產品產量要達到一定數量，以保證流水生產線各工作地（設備）得到充分地利用。

產品結構基本定型，並有良好的技術性和互換性。

產品品種穩定，而且是長期大量需要的產品。

原材料、協作件必須是標準的、規格化的，並能按時供應。

步驟三 進行技術設計

技術設計包括制定技術路線和技術規程、設計專用設備、改裝設備、設計專用工裝夾具、設計運輸傳送裝置等內容。

步驟四 進行組織設計

1. 節拍

節拍是流水線上生產前後兩件相同產品的間隔時間。

2. 節奏

當計算節拍較小，產量體積也很小時，按批運送比較方便。那麼，按順序出產兩批同樣製品之間的時間間隔稱為節奏。

3. 流水線設備（工作地）數量

為保證製品在流水線上連續移動，每道工序的設備（工作地）數量應等於加工時間與流水線節奏之比。

4. 設備負荷係數

設備負荷係數表明設備的利用程度。

5. 流水線人員人數

人員人數按下式計算：

$$M_i = S_{ei} \times c \times W_i$$

式中：

M_i——工序

i 的人員人數；

S_{ei}——工序 i 採用的設備數；

c——每日工作班次；

W_i——在每台設備上同時作業人數。

步驟五 佈置流水線

1. 平面佈置

流水線的平面佈置應本著利用生產面積、人員操作方便、加工產品運輸路線最短等原則進行考慮；流水線平面佈置有許多種，各種形狀的流水線在工作地的佈置上，又分單列和雙列兩種形式。單列式是將工作地佈置在傳送帶一側，雙列式是將工作地佈置在傳送帶的兩側。

2. 線點佈置

為了保持流水線的節拍，流水線上製品應保持相等的距離。L_0 在生產中稱為跨步，在傳送帶上每一跨步貼上顏色鮮豔的標記，這些標記稱作「線點」，便於擺放製品。一般來講，傳送的製品越大，傳送速度越快，L_0 也應越大；而製品加工時間較長，工序內不宜停留過多製品的情況下，線點不宜設置過多。

流水線設計要涉及多種數據的計算，在計算中要力求準確，而且這些數據之間是存在關聯的。所以進行流水線設計一定要科學、合理地計算各項指標，並對其進行合理佈置。

心得欄 ------------------------------

----

8 生產作業控制流程

　　企業都希望可以按計劃完成所有工作內容,但在實際的生產活動中卻經常出現生產延誤、到期無法交貨的情況,應進行生產進度管理,並實施生產進度控制,使生產活動得以協調進行。

步驟一 分析生產不協調原因

　　在每日的生產完成之後,各生產部門都應總結當日的生產進度情況,看是否存在生產進度延誤。如果存在,生產現場的各級負責人應具體分析、查明造成生產進度延誤的原因到底是什麼,爾後制定相應的改善措施,以彌補生產進度損失。

步驟二 實施生產進度控制

　　當出現了生產進度延誤以後,說明已經給生產造成損失。因此,在生產作業的過程中實施生產進度控制是避免出現生產進度延誤的重要手段。生產進度控制要求從原材料投入生產到成品出產、入庫的全部過程都要進行控制,包括時間和數量的控制。

　　實施生產進度控制應做好以下工作:

　　1. 投入進度控制

　　投入進度控制是指對產品開始投入的日期、數量、品種進行控制,以便符合計劃要求。它還包括檢查各個生產環節、各種原材料、毛坯、零件是否按標準提前投入,設備、人力、技術措施等項目的投入生產是否符合計劃日期。

由於企業的生產類型不同，投入進度控制的方法也不相同，大致可分為以下幾種。

成批和單件投入進度控制。成批和單件生產的投入進度控制比大量大批生產投入進度控制複雜。一方面要控制投入的品種、批量和成套性；另一方面要控制投入提前期，可利用投產計劃表、配套計劃表、加工線路單等工具。

大量大批生產投入進度控制。可根據投產指令、投料單、投料進度表、投產日報等進行控制。

2.出產進度控制

出產進度控制是指對產品（或零件）的出產日期、出產提前期、出產量、出產均衡性和成套性的控制。出產進度控制是保證按時、按量完成計劃，保證生產過程各個環節之間的緊密銜接、各零件出產成套和均衡生產的有效手段。

出產進度的控制，通常是把計劃進度同實際出產進度同列在一張表上進行比較來控制。不同的生產類型有不同的控制方法。

(1)大量生產出產進度控制

大量生產出產進度控制主要用生產日報（班組的生產紀錄、班組和工廠的生產統計日報等）同出產日曆進度計劃表進行比較，來控制每日出產進度、累計出產進度和一定時間內生產均衡程度。

在大量生產條件下，投入和出產的控制往往是分不開的，計劃與實際、投入與出產均反映在同一張投入、出產日曆進度表上，它既是計劃表，又是企業核算表和投入、出產進度控制表。

(2)成批生產出產進度控制

成批生產出產進度控制主要是根據零件輪番標準生產計劃、出產提前期、零件日曆進度表、零件成套進度表和成批出產日曆裝配進度表等來進行控制。

　　在成批生產條件下，對零件出產成套性的控制，可直接利用月生產作業計劃，不但要對零件的出產日期和出產提前期進行控制，還應對零件的成套性進行控制。

　　對零件成批出產日期和出產前期的控制，可直接利用月生產作業計劃進度表，只要在月作業計劃的「實際」欄中逐日填寫完成的數量，就可以清楚地看出實際產量與計劃產量及計劃進度的比較情況，如果計劃進度採用甘特條形圖形式，即可直接在計劃任務線下畫出實際完成線。

　　(3)單件小批生產進度控制

　　單件小批生產進度控制主要是根據各項訂貨合約所規定的交貨期進行控制，通常是直接利用作業計劃圖表，只需在計劃進度線下用不同顏色畫上實際的進度線即可。

　　步驟三 **實施工序進度控制**

　　工序進度控制是指對產品(零、部件)在生產過程中經過每道加工工序的進度所進行的控制。

　　在成批、單件生產條件下，由於品種多、工序不固定，各品種(零件)加工進度所需用設備經常發生衝突，即使作業計劃安排得很好，能按時投產，但往往投產後，在生產執行過程中一出現干擾因素，原來計劃就會被打亂。因此，對成批或單件生產只控制投入進度和出產進度是不夠的，還必須加強工序進度的控制。

　　常用的方法有以下幾種：

　　1. 按加工路線單經過的工序順序進行控制

　　由班組將加工路線單進行登記後，按加工路線單的工序進度及時派工，遇到某工序加工遲緩時，要立即查明原因，採取措施解決問題，以保證按時按工序順序加工。

2.按單工序單票進行控制

按零、部件加工順序的每一工序開一工序票交給操作者進行加工，完成後將工序票交回，再派工時又開一工序票通知加工，用此辦法進行控制。

3.跨工廠工序進度控制

對於零、部件有跨工廠加工時，須加強跨工廠工序的進度控制。控制的主要方法是明確協作工廠分工及交付時間，由零、部件加工主要工廠負責到底。主要工廠要建立健全零件台賬，及時登記進賬，按加工順序派工生產；協作工廠要認真填寫「協作單」，並將協作單號及加工工序、送出時間一一標註在加工路線單上，待外協加工完畢，「協作單」連同零件送回時，主要工廠要在「協作單」上簽收，雙方各留一聯作為記賬的原始憑證。

步驟四 實施在製品控制

在製品控制範圍包括在製品佔用量的實物和資訊（賬目、憑證等）形成的全過程。

1.控制範圍

具體範圍有以下幾方面：

· 原材料投入生產的實物與賬目控制。

· 在製品加工、檢驗、運送和儲存的實物與賬目控制。

· 在製品流轉交接的實物與賬目控制。

· 在製品出產期和投入期的控制。

· 產成品驗收入庫的控制等。

2.控制方法

控制方法主要取決於生產類型和生產組織形式：

大批大量生產時，在製品在各個工序之間是按一定路線有節奏地

移動的，各工序銜接固定，在製品的數量比較穩定。在此條件下，對在製品佔用量的控制，通常採用輪班任務報告單，結合生產原始憑證或台賬來進行，即以各工作地每一輪班在製品的實際佔用量，與規定的定額進行比較，使在製品的流轉和儲備量經常保持正常佔用水準。

　　成批和單件生產時，因產品品種和批量經常輪換，生產情況比較複雜。在此條件下，一般可採用工票或加工路線單來控制在製品的流轉，並通過在製品台賬來掌握在製品佔用量的變化情況，檢查是否符合原定控制標準（定額）。如發現偏差，要及時採取措施，組織調節，使其被控制在允許範圍之內。

9 生產異常處理流程

　　生產異常是指造成製造部門停工或生產進度延遲的情形，由此造成的無效工時，也可稱為異常工時。生產異常在生產作業活動中常見到的，企業應注重生產異常處理流程的實施。

步驟一 查明生產異常產生原因

生產異常主要是由以下幾方面引起的：

· 計劃異常。因生產計劃臨時變更或安排失誤等導致的異常。
· 物料異常。因物料供應不及時（斷料）、物料品質問題等導致的異常。
· 設備異常。因設備、工裝不足或故意等原因而導致的異常。
· 品質異常。因制程中出現了品質問題而導致的異常，也稱制程

異常。

· 產品異常。因產品設計或其他技術問題而導致的異常，或稱機種異常。

步驟二　計算異常工時

當所發生的異常導致生產現場部份或全部人員完全停工等待時，異常工時的影響度以 100%計算（或可依據不同的狀況規定影響度）。

當發生異常導致生產現場需增加人力投入排除異常現象（採取臨時對策）時，異常工時的影響度以實際增加投入的工時為準。

當所發生的異常導致生產現場作業速度減慢（可能同時也增加人力投入）時，異常工時的影響度以實際影響比例計算。

步驟三　進行異常控制與糾正

異常發生時，發生部門的主管應立即通知技術部門或相關責任單位，前來研究對策，加以處理，並報告直屬上司。

製造部門會同技術部門、責任單位採取臨時應急對策並加以執行，以降低異常的影響。

異常排除後，由製造部門填具「異常報告單」一式四聯，並轉責任單位。

責任單位填寫異常處理的根本對策，以防止異常重覆發生，並將「異常報告單」的第四聯自存，其餘三聯退還生產部門。

製造部門接到責任單位的「異常報告單」後，將第三聯自存，並將第一聯轉財務部門，第二聯轉生產部門。

財務部門保存「異常報告單」，作為向責任廠商索賠的依據及製造費用統計的憑證。

主管部門保存「異常報告單」，作為生產進度管制控制點，並為生產計劃的調度提供參考。

生產部門應對責任單位的根本對策執行結果進行追蹤。

步驟四 落實責任

1. 開發部責任

‧ 未及時確認零件樣品。　　‧ 設計錯誤或疏忽。

‧ 設計延遲或設計臨時變更。　　‧ 設計資料未及時完成。

2. 生產部責任

‧ 生產計劃日程安排錯誤。

‧ 臨時變換生產安排。

‧ 生產計劃變更未及時通知相關部門。

‧ 未發製造命令。

3. 製造部責任

‧ 工作安排不當造成零件損壞。

‧ 操作設備儀器不當造成故障。

‧ 作業未依標準執行造成的異常。

‧ 效率低下，前制程生產不及時造成後制程停工。

‧ 流程安排不順暢造成停工。

4. 技術部責任

‧ 技術流程或作業標準不合理。

‧ 技術變更失誤。　　‧ 設備保養不力。

‧ 設備產生故障後未及時修復。　　‧ 工裝夾具設計不合理。

在進行生產異常管理中應明確生產異常產生的原因，然後按照既定的處理程序進行處理，查明責任部門並做出處理。

10 產品報廢流程

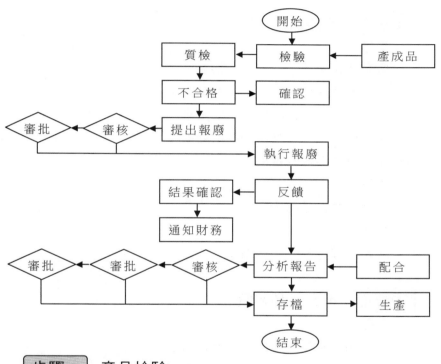

步驟一 產品檢驗

(1)流程

· 生產單位生產出產成品，首先自我進行檢驗

· 生產部對產成品進行初步檢驗

· 質量部按照產品質量、技術要求，對產成品進行全面、正式
　檢驗

(2) 重點

· 質量部以對產成品的檢驗

(3) 標準

· 檢驗及時、準確

步驟二 報廢品的確定

(1) 流程

· 質量部在檢驗中發現不合格品

· 質量部會同生產部對不合格品進行確認

· 質量部對不合格品提出報廢請求

· 報廢請求報生產總監和技術總監審

· 報廢請求報總裁審批

(2) 重點

· 報廢不合格品的確定

(3) 標準

· 報廢品確定及時、準確

步驟三 不合格品報廢

(1) 流程

· 生產部組織相關單位報廢不合格品

· 產品需質量部及生產總監監督執行

· 易燃、易爆、易腐蝕，以及各種危險產品，需在政府有關管理部門的監督下執行報廢

· 生產部將不合格品報廢執行的情況及時向質量部彙報

· 質量部檢查，確認不合格品報廢執行情況

· 質量部通知財務部做出帳面處理

(2) 重點

· 不合格品報廢的執行

(3) 標準

· 不合格品報廢執行及時，無弄虛作假現象

步驟四 不合格品分析報告

(1) 流程

· 生產部仔細分析不合格報廢品產生的原因，並及時編寫出分析報告

· 各有關生產單位配合生產部份析原因

· 分析報告報質量部審核

· 分析報告報生產總監審核

· 分析報告報總裁審批

· 生產部將主管審批後的報告存檔

· 生產部繼續組織各生產單位開展生產活動，避免此類不合格品的再次出現

(2) 重點

· 不合格品分析報告的編寫

(3) 標準

· 報告編寫及時，內容全面、真實、客觀

11 看板管理實施流程

　　看板管理是日本豐田汽車公司創立的一種生產管理方法，以流水線作業為基礎，以看板為工具，使原材料、半成品等都按照既定的衡量標準在整個生產作業過程中流轉。

步驟一 瞭解看板傳遞過程

　　看板管理是通過看板的運動或傳遞實現的。看板在生產流水線上的傳遞過程，是以總裝配線為起點，在上下兩道工序之間往返運動。

步驟二 明確看板分類

　　在生產管理中使用的看板形式很多。常見的有塑膠夾內裝著的卡片或類似的標識牌，運送零件小車、工位器具或存件箱上的標籤，指示部件吊運場所的標籤，流水生產線上標著各種顏色的小球或信號燈，電視圖像等。按照看板的功能差異和應用對象不同，可分類如下：

　　1.工序看板

　　在一個工廠內各工序之間使用的看板統稱工序看板。工序看板又分為以下幾種：

- ‧ 取貨看板。操作者按看板上所列數目到前道工序領取零件。
- ‧ 沒有取貨看板，不得領取零件。
- ‧ 加工看板。指示某工序加工製造規定數量的看板，一般根據機械加工、裝配、運輸、發貨、外部訂貨的需要情況分別編制。
- ‧ 信號看板。在固定的生產線上作為生產指令的看板，一般是信

號燈或不同顏色的小球等。

- 送貨看板。由後道工序填寫零件取貨需要量，當前道工序送貨時，將收發清單帶回，作為下次送貨的依據。
- 材料看板。進行批量生產時用於材料準備工作的看板。
- 特殊看板。當生產按訂貨順序進行時，按每一項訂貨編制，交貨後立即收回。
- 臨時看板。生產中出現次品、臨時任務或臨時加班時用的看板，只用一次，用畢即行收回。

2.外協件看板

工廠向外部訂貨時，用以表示外部應交零件數量、時間等的一種領取看板，僅適用於固定的協作廠之間。

步驟三 看板的編制

由於看板是實現準時生產的工具，具有計劃和調度指令的作用，又是聯繫企業內部各道工序及協作廠之間的接力棒，起著實物憑證和核算依據的作用。因此在編制看板時一般要做到：

- 內容齊全。產品名稱、型號、件號、件名、每台件數、生產的工序或機台、運送時間、運送地點、運送數量、放置位置、最低標準數量等都要寫清楚。
- 便於製作。生產流水線上用的看板數量很大，因此，設計看板時，必須考慮到便於製作。
- 識別標記醒目。看板上所記載的各項內容應用不同的顏色標記清楚，背面號碼容易看出。
- 便於保管、處理。
- 看板內容與實物相符。看板一般隨實物傳遞，應注意採用便於與實物相適應的形式。

步驟四 看板的使用

看板是實現準時生產的工具。準時生產要求只在必要的時候，按必要的數量，生產必要的零件、部件、產品。

在使用中要堅持下一道工序向上一道工序提取零件，各道工序盡可能做到在必要的時候只生產一件、只傳遞一件、只儲備一件，用最後裝配工序來調節平衡全部生產的原則；必要時發現問題寧可中斷生產，採取措施，解決問題，也決不積壓儲備。

要做到看板同實物一道運動。下一道工序帶著看板到上一道工序領貨，上道工序只根據看板的種類和數量要求進行生產，沒有看板不運送、不製造，不合格的零件、毛坯不准掛看板。

實施看板管理可以使企業中的各個生產部門、工作崗位，協調地運行起來，實現整個生產過程的準時化，保證企業積存最少的在製品，佔用最少的流動資金，獲取較好的效益。

心得欄

12 目視管理實施流程

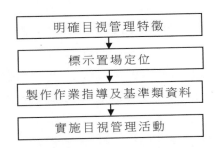

目視管理是利用視覺直觀、色彩適宜的各種視覺感知資訊來組織現場生產活動,達到提高生產率的一種管理手段,也是一種利用人的視覺進行管理的科學方法。

步驟一 明確目視管理特徵

(1)視覺信號是目視管理的基本手段。

(2)以公開化、透明化為基本原則,盡可能地將管理者的要求和意圖讓大家看得見,推動自主管理。

(3)現場工作人員可以通過目視方式,將自己的建議、成果展示出來,與主管、同事進行相互交流。

步驟二 標示置場定位

1.定位置場區

部品(材料)、工程半製品(停滯品)、不良品以及完成品(良品)置場一旦確定後,就必須定位並做標示,不得用做他用,而且要固定

堅持使用，久而久之習慣就會養成，而且無論誰到現場一看就知道投入前部品放在何處，那個工位不良較多，完成品與不良品區分明確等，這樣就會使人清楚明白，讓人放心。

2.標誌具體位置

在每個置場的正上方做出標誌(包括置場名、工程名、加工名等)，特別需要細分的要屬不良品置場(不良品盒)，要具體地在每個不良品盒上貼上不良內容，讓人一看就知道不良品盒中裝的是什麼，是那個工程製造出來的，這樣可為每日不良分析提供方便。如果不清楚分類，不良品就無法進行管理跟蹤，也就沒有改善對策。

步驟三　製作作業指導及基準類資料

主要包括作業指導書、加工條件表、管理圖(X-R 管理)、QC 工程圖、每日生產進度管理表、每週生產計劃、生產計劃實績管理看板等，並對他們進行現場揭示。

1.作業指導書

作業指導書是作為一種指導作業員進行正確操作的基準類文件，揭示在各工位的正上方員工時常能看得見的地方。作業指導書包括以下內容：

⑴該工程的工程配置圖。標示出該作業的基本配置以及部品、設備、治具的擺放位置。從圖示中就能看出此工位的基本佈局，同時也可跟實際對照確認。

⑵作業順序以及每一項的作業方法、作業內容。要具體詳細地對每一順序的要領以及作業重點、內容先後順序逐一講解說明。

⑶管理重點(注意事項)。按作業順序逐項逐條指出作業要領、管理重點以及注意事項。

2.生產計劃、實績管理看板

此管理看板是用來確認該班、組長在單位時間內是否按計劃完成預定生產數量的一項現場管理方法。

總之,有效地實施目視管理可以用信號燈、標示牌等視覺信號將現場資訊準確地傳遞出去,使管理客觀、公正,有利於提高士氣,促進企業文化的形成和建立。

13 生產標準化實施流程

標準化是指依企業規模及實際狀況,將有關的材料、設備、零件、半成品、成品的規格、作業程序及一些規定作合理的制定,通過有效限制的運用,使企業運作有據可循,並能達到最佳效果。

步驟一 瞭解標準化管理的意義

· 統一化。將不同的各種方法和標準統一成一種或幾種方法和標準。
· 通用化。減少獨特性,擴大相容性。
· 系列化。將一種標準按照新產品的特性演變成相應的系列標準。
· 簡便化。將複雜難懂的技術轉化為易理解、易掌握的基本技能。

步驟二 制定標準

選定了要進行標準化的任務,下一步就是制定標準。

1. 標準的構成項目

· 制定履歷：制定時註明制定日期；修訂時記入修訂原因、修訂內容、修訂日期。

· 制定目的：註明為何要制定該標準。

· 適用範圍：該標準適用的部門、場所、時間。

· 標準正文：註明任務的具體實施方法。

· 附表附圖：當僅用文字難以把任務的實施方法描述清楚時，考慮加入表格或圖。

2. 企業技術標準

企業的技術標準是對企業標準化領域中需要協調統一的技術事項所制定的標準。

企業技術標準體系分為兩個部份，一部份是與質量有關的技術標準，包括原材料、產品設計、技術、設備、檢驗等技術標準，另一部份是安全、衛生、能源、環保、定額等技術標準。企業技術標準的表現形式有標準、規範、規程、技術卡、工序卡、守則、操作卡、作業指導書等。

為更好地編制操作標準，應注意以下幾點：

· 具體規定出操作的正確程序和要點。

· 不指示結果而是指示具體的方法。

· 指示異常情況的處理方法。

· 明確指示數據的採集方法、測定方法、記錄方法、異常情況的判斷標準、報告部門。

· 保存操作準則基礎數據。

3. 企業管理標準

企業管理標準是企業標準化領域中需要協調統一的管理事項所制定的標準。主要針對營銷、設計、採購、技術、生產、檢驗、能源、

安全、衛生、環保等管理中的與實施技術標準有關的管理事項。企業
管理標準的表現形式有質量手冊、程序文件、管理規範以及標準性質
的管理制度等。

4.企業工作標準

企業工作標準是按崗位制定的有關工作質量的標準。

企業應把每個工作崗位上一些穩定的重覆工作事項制定成工作
標準。編寫企業工作標準時，要充分體現崗位上應實施的基礎標準、
技術標準、管理標準及管理制度的要求，並做出具體明確地規定。

步驟三　制定執行標準

1.正確執行

如果沒有付諸實施，再完美的標準也不會對企業有任何幫助。為
了使已制定的標準徹底貫徹下去，企業管理者首先需要讓員工明白：
標準是員工進行操作的最高指示，任何人都要按照標準進行操作。

2.查找問題

標準是根據實際的作業條件及當時的技術水準制定出來的，代表
了當時最先進、最方便、最安全的作業方法。隨著實際作業條件的改
變和技術水準的不斷提高，標準中規定的作業方法可能變得與實際不
適合。與實際不相符的標準不會對企業有所幫助，還可能會妨礙正常
的工作，必須及時進行修訂。

步驟四　制定修訂標準

標準是需不斷改善、不斷進步的。當企業發現制定的標準存在問
題，影響了工作的執行，企業應該及時對標準進行修訂。在下面的情
況下可考慮對標準進行修訂：

・當部件或材料、機器、工具或儀器、工作程序已經改變時。

· 產品品質水準有所變化時。當標準的內容難以理解，規定的任務難以執行時。
· 法律和規章發生改變時。制定、修改標準必須有明確的依據，需要公開說明數據分析的結果以及根據實踐所得出的判斷結論及過程。

14 生產進度管理流程

步驟一 生產計劃編制與分解

(1)流程

· 生產部編制公司年生產計劃
· 年生產計劃報生產總監審核
· 年生產計劃報總裁審批
· 生產部將年生產計劃分解為各生產單位季、月生產計劃

(2)重點

· 編制年生產計劃

(3)標準

· 年生產計劃編制及時、可行

步驟二 進度控制措施

(1)流程

· 各生產單位執行生產部下達的生產計劃
· 各生產單位編制生產進度控制措施

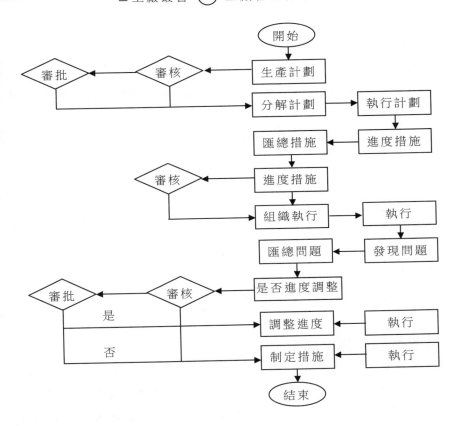

- 生產部匯總各生產單位的進度控制措施
- 生產部編制公司生產進度控制措施
- 公司生產進度控制措施報生產總監審批
- 生產部組織各生產單位執行生產進度控制措施

(2)重點

- 生產進度控制措施的編制

(3)標準

- 生產進度控制措施編制及時、可行

步驟三　發現問題

(1) 流程

- 各生產單位上報在實際生產過程中發現影響生產進度的各種問題
- 生產部匯總各生產單位上報的問題
- 生產部寫出報告，提出是否應當調整生產進度
- 報告報生產總監審核
- 報告報總裁審批

(2) 重點

- 問題的發現與判斷

(3) 標準

- 問題發現及時，判斷準確

步驟四　調整進度

(1) 流程

- 如需要調整生產進度，生產部則及時調整有關生產計劃，將生產進度進一步合理規劃調整後的生產進度報生產總監審核調整後的生產進度報總裁審批
- 生產部組織各生產單位按新的生產進度安排生產工作
- 各生產單位將新進度的執行情況及時反映到生產部

(2) 重點

- 生產進度的調整

(3) 標準

- 生產進度調整及時，可行，全面完成生產計劃

步驟五 制定新措施

(1)流程

· 如不需要調整生產進度，生產部則及時修訂原有的生產進度控制措施

· 修訂後的生產進度控制措施報生產總監審核

· 修訂後的生產進度控制措施報總裁審批

· 生產部組織各生產單位按新的生產進度措施執行

· 各生產單位將新生產進度控制措施的執行情況及時反映到生產部

(2)重點

· 生產進度控制措施的修訂

(3)標準

· 生產進度控制措施修訂及時、可行

15 現場作業進度控制

為了加強對生產過程的管理，保證按時完成生產作業計劃，結合工廠的實際情況，特制定本制度。

本制度適用於工廠生產現場的進度控制管理相關事項。

第 1 章　職責分工

第 1 條　編制進度控制計劃的職責分工

1. 工廠級生產計劃管理人員負責制訂產品、主要部件的出產進度

計劃和投入進度計劃。

2. 工廠計劃人員將工廠級進度計劃進一步細化，編制零件和部件的投入產出計劃進度。

3. 工廠一般需制訂工序進度計劃，若工廠規模大、產品結構複雜且品種多，工序進度計劃可由班組編制。

第 2 條　統計進度控制計劃執行情況的職責分工

1. 每個班組設兼職的統計員，統計每日的生產成果，包括進度計劃執行情況、設備的生產作業完工量以及每個操作人員的作業完成量和工時。班組統計在每班結束前進行，統計結果上交工廠，有些關鍵數據可以同時報告給工廠生產統計員。

2. 工廠設專職生產統計員，匯總處理班組上報的統計資料，統計全工廠的生產進度計劃執行情況。

第 3 條　制定與實施進度控制措施的職責分工

1. 生產調度主管負責工廠的生產進度控制工作，進度措施的制定和調度指令的發佈均透過生產調度會議的形式完成。

2. 工廠生產調度會議每週至少召開一次，由工廠主任或生產調度組長主持，工廠各職能組室有關人員和班組長參加，研究討論生產進度和存在的問題，制定控制措施，落實措施負責人以及完工日期。

3. 工廠生產調度會議每週開一次，由生產經理召集主持，主管副總出席，各工廠主任、調度員和工廠有關職能部門(如採購、品質管理等部門)負責人參加。

4. 根據生產情況，工廠召開現場調度會、日常碰頭會等，解決一些專門性的問題或日常性的協調問題。

第 4 條　相關職能部門職責

1. 採購部負責原材料和外購件的採購工作，確保投入進度計劃的準時執行。

2. 設備動力部門負責保證設備的開動率和生產能源供應。

3. 人力資源部負責培訓和提供符合要求的生產人員。

4. 品質管理部負責生產過程相關檢驗工作，嚴格控制不良品率。

第 2 章　投入進度控制

第 5 條　投入進度控制是指對產品開始投入生產的日期、數量、品種等進行控制，以便符合生產計劃要求。

第 6 條　大批和大量生產可根據投產指令、投料單、投料進度表、投產日報等進行投入進度控制。

第 7 條　成批和單件生產的投入進度控制比大批和大量生產的複雜。一方面要控制投入的品種、批量和成套性，另一方面要控制投入提前期，可利用投產計劃表、配套計劃表、加工線路單等工具。

第 3 章　出產進度控制

第 8 條　出產進度控制是指對產品(或零件)的出產日期、出產提前期、出產量、出產均衡性和成套性等進行控制。

第 9 條　大量生產的出產進度控制

1. 主要用生產日報(班組的生產記錄、班組和工廠的生產統計日報等)與出產日曆進度計劃表進行比較，控制每日出產進度、累計出產進度和一定時間內的生產均衡程度。

2. 在大量生產的條件下，投入和出產的控制分不開，計劃與實際、投入與出產均反映在同一張投入、出產日曆進度表上，它既是計劃表，又是核算表和投入、出產進度控制表。

3. 對生產均衡程度的控制，主要利用年均衡率、月均衡率和旬均衡率。

第 10 條　成批生產的出產進度控制

1. 主要是根據零件標準生產計劃、出產提前期、零件日曆進度表，零件成套進度表和成批出產日曆裝配進度表等來進行控制。

2. 對零件成批出產日期和出產前期的控制可直接利用月生產作業計劃表。只要在月作業計劃的「實際欄」中逐日填寫完成的數量，即可清楚看出實際產量與計劃產量及計劃進度的比較情況。

3. 在成批生產的條件下，直接利用月生產作業計劃對零件出產成套性進行控制。

第 11 條　單件小批生產的進度控制

根據各項訂貨合約所規定的交期進行控制，通常是直接利用作業計劃圖表，在計劃進度線下用不同顏色畫上實際的進度線即可。

第 4 章　工序進度控制

第 12 條　工序進度控制是指對產品在生產過程中經過每道加工工序的進度進行控制。

第 13 條　按加工路線單經過的工序順序進行控制

由工廠、班組將加工路線單登記後，按加工路線單的工序進度及時派工，遇到某工序加工遲緩時，要立即查明原因並採取措施解決問題，以保證按時、按工序加工。

第 14 條　按工序票進行控制

按零件加工順序的每一工序開票交給操作人員進行加工，完成後將工序票交回，再派工時又開一工序票進行加工，用此辦法進行控制。

第 15 條　按跨工廠工序進度進行控制

當零件跨工廠加工時，需加強跨工廠工序的進度控制，控制的主要方法是明確協作工廠分工及交付時間，由零件加工的主要工廠負責到底。

1. 主要工廠要建立健全的零件台賬，及時登記進賬，按加工順序派工生產。

2. 協作工廠要認真填寫協作單，並將協作單號及加工工序、送出時間一一標註在加工路線單上，待外協加工完畢，協作單連同零件送

回時，主要工廠要在協作單上簽收，雙方各留一聯作為記賬的原始憑證。

第5章　在製品控制

第 16 條　在製品控制範圍

在製品控制範圍包括在製品佔用量的實物和信息形成的全過程，具體包括以下幾方面。

1. 原材料投入生產的實物與賬目控制。

2. 在製品加工、檢驗、運送和儲存的實物與賬目控制。

3. 在製品流轉交接的實物與賬目控制。

4. 在製品出產期和投入期的控制。

第 17 條　大量生產時在製品的控制方法

對在製品佔用量的控制，採用輪班任務報告單結合生產原始憑證或台賬進行，即將各工作地每一輪班在製品的實際佔用量與規定的定額進行比較，使在製品的流轉和儲備量經常保持正常佔用水準。

第 18 條　成批和單件生產時在製品的控制方法

採用加工路線單來控制在製品的流轉，並透過在製品台賬來掌握在製品佔用量的變化情況，檢查是否符合原定控制標準。如發現偏差，要及時採取措施調節，使它被控制在允許的範圍之內。

16 生產緊急插單處理方案

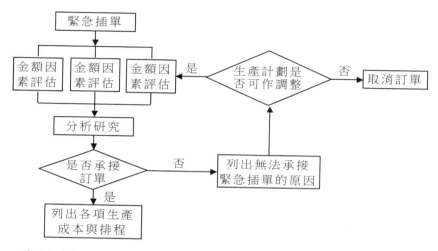

　　為了確保在不打亂原有生產計劃的同時很好地處理緊急插單問題，特制定本方案。

步驟一 緊急插單的界定

　　本方案所稱的緊急插單指的是生產計劃外的、因客戶需求或市場需求而新增的訂單。

步驟二 緊急插單的接收與評估

　　1. 工廠在接收到緊急插單後，要對緊急插單作出評估，分別對緊急插單的金額、時間和相關因素進行數據統計分析。

　　2. 透過研究，結合過去的訂單生產數據，工廠作出緊急插單承接

與否的決定。

步驟三 召開緊急生產決策會議

對緊急插單進行評估後，如決定承接該緊急插單，工廠就要及時召開緊急生產會議。緊急插單決策會議的主要參加人員、會議討論要點及會議討論成果具體如下所示。

（一）緊急生產決策會議參加人員

緊急生產決策會議的參加人員主要有總經理、主管副總、生產部經理、財務主管、行政主管、技術主管、品質主管、銷售主管、人事主管、採購主管、工廠主任、庫存管理人員及作業人員代表等。

（二）緊急生產決策會議討論要點

1. 如何合理安排緊急生產任務。

2. 如何有效執行原有生產計劃。

3. 如何制定可以有效提升緊急生產產能的方案。

4. 按此方案，多長時間可以完成緊急插單的生產。

5. 在緊急插單的生產過程中，可能會遇到那些困難。

（三）緊急決策會議討論成果

1. 明確緊急插單生產的作業安排思路。

2. 預估緊急插單的完成時間及可能遇到的困難。

3. 列出緊急插單生產所需要的資源和支援。

4. 明確各個部門下一步的工作內容和目標。

5. 成立緊急生產小組。

步驟四 緊急插單生產管理小組及相關人員職責

緊急插單生產管理小組是臨時組織，主要負責緊急插單的生產管理。緊急插單生產管理小組各成員的職位及工作職責如下表所示。

緊急插單生產管理小組各成員的工作職責一覽表

成員	職位	職責
主管副總	組長	根據總經理的指示，全面負責緊急插單生產的規劃與協調工作，是緊急插單生產的直接責任人
生產部經理	副組長	制訂緊急插單生產計劃及生產作業方案，安排、指導和監督整個生產系統各個部門主管的工作，完成組長下達的生產任務
財務主管	成員	負責緊急插單生產所需要資金的審核和發放工作
銷售主管	成員	與客戶保持有效的溝通，及時解決緊急插單生產過程中的難題
行政主管	成員	做好生產的後勤保障工作
人事主管	成員	招聘臨時工，制定緊急插單生產的績效考核制度
技術主管	成員	確保生產技術符合客戶要求且便於作業人員操作
品質主管	成員	制定緊急插單生產的產品檢驗標準，監督緊急生產過程，並控制產品品質
工廠主任	成員	下達緊急生產任務，指導和監督作業人員
採購、庫存主管	成員	保證及時供應物料
物料主管	成員	負責物料、半成品和成品的運輸工作

步驟五　緊急插單生產

(一)緊急插單作業計劃的制訂

緊急插單作業計劃的制訂策略包括以下六種，具體如下表所示。

緊急插單作業計劃的制訂策略

原生產計劃	緊急插單生產計劃	
調整方式	制定策略	策略說明
保持不變	混合生產	結合內外資源，提高生產能力。透過增加生產員工人數和工作時間進行緊急訂單生產，或者將部份或全部的緊急訂單生產任務外包給其他工廠，以確保按時交貨
暫停	自製生產	利用工廠自身的生產能力，透過增加生產員工人數和工作時間進行緊急生產，以確保按時交貨
延遲	自製生產	利用工廠自身的生產能力，透過增加生產員工人數和工作時間進行緊急生產，以確保按時交貨
外包	外包生產	將部份或全部的緊急訂單生產任務外包給其他工廠生產，做好品質控制工作，以確保按時交貨
外購	外購組裝	外購緊急插單需要的部份或全部零件，再將其組裝為成品，以確保按時交貨
利用庫存	利用庫存	調出庫存成品，減少緊急插單生產任務，選擇自行生產、外包、外購的方式生產，以確保按時交貨

(二)緊急插單生產進度的控制

緊急插單生產進度控制，是指對生產產量和生產期限進行控制，目的是保質，保量、按期完成緊急插單的生產任務。其進度控制的步驟如下。

1. 生產工廠統計員從緊急生產現場採集相關生產進度和生產質量數據。

2. 生產調度員將採集的數據與作業標準數據（進度計劃和品質標準）進行對比。

3. 根據對比結果，分析產生偏差的原因，由緊急插單生產管理小組重新決策並採取調整措施。

（三）緊急插單生產偏差的控制

1. 緊急插單生產偏差產生的原因主要分為兩類，每類各有九種，如下表所示。

緊急插單生產偏差產生原因一覽表

計劃原因	執行原因
訂單產品的設計和生產技術頻繁修改	生產設備、工具臨時發生故障
生產能力資料不準確	動力供應或廠外運輸突然中斷
生產技術準備工作安排失誤	核心技術操作人員出現意外
⑷工作定額不準確	出現大量次品
⑸期量標準不準確	材料、在製品失散、損壞和變質
⑹外購外協計劃沒有落實	對已發生的偏差處理遲緩，造成生產中斷
⑺庫存控制指標不合理	生產之間的銜接發生混亂
⑻生產作業計劃銜接失誤	生產作業進度控制不合理
⑼生產設備、工具維護檢修計劃失誤	隨便更改作業命令造成失誤

2. 作業控制面臨的偏差主要表現為產量不足、進度落後，調整和消除偏差的關鍵在於恢復生產進度，具體方法如下表所示。

緊急插單生產偏差控制方法

方法	具體措施
在計劃中預先留有餘地	保持一定量的在製品、原材料和成品庫存
	備有可替換的生產設備
	備有後備人員
	留出機動時間
	關鍵工序留出一定餘力
	在設備利用率或生產定額方面留有餘地
	安排短週期的生產進度，減少在製品佔用量
使延遲恢復正常	調整作業分配方式，利用其他環節的能力支持重要環節
	改變作業先後順序，將交期餘地較大的作業錯後
	安排加班
	安排外協
	向其他工廠(包括輔助生產工廠)求援
	返修加工不合格工件
消除產生延遲的因素	改進操作方法或改進工夾具
	加強品質控制，減少廢品、次品
	加強設備維護保養
	加強對原材料、零件的驗收
	各工序要加強對上道工序生產製品的品質檢驗
	加強工位器具管理，採用標準化和數量固定化的先進工位器具

步驟六 緊急插單生產的總結分析

　　緊急插單生產完畢後，緊急插單管理小組要對緊急插單生產工作進行總結分析，得出緊急插單生產的預防方法。

1. 保持一些採購期較長的物料的安全庫存，平時多選一些配合意識強、供貨品質高、回應速度快的供應商。

2. 在安排生產計劃的時候，儘量把交期相近、產品類似的訂單放在一起生產，以節省生產線切換的時間。

3. 對工廠的客戶實行分等級管理，保留和增加優質客戶，不斷淘汰無價值的客戶。在確定是否允許插單前，要先審查客戶資信與等級。

17 日常調度工作流程

步驟一 下達調度通知

向調度員下達上級管理者的調度通知、通報時，調度人員要按規定做出完整記錄，可以先錄音後整理，並以書面形式提請指示，得到指示後，按規定立即下達執行。

步驟二 下達生產調度命令

1. 下達調度命令

下達調度命令要慎重，不要濫用、頻用，一定要注意命令的嚴肅性和權威性、應有的效用。

2. 按調度命令的要求辦理

凡接到調度命令的部門和崗位，必須立即按調度命令的要求辦理，不允許有任何違背和拖延現象，要像打仗一樣，有令則行、有禁則止。否則，就失去了「命令」的意義。

步驟三 接收調度請示報告

請示報告是指下級調度員在工作中遇到難題，在自己的職權範圍內不能解決問題；或採取了措施後問題仍未解決，對生產的影響加劇，有難以控制之勢；或是其他的重大問題，急需得到上一級調度管理人員的指導和幫助；或通過上級調度管理人員向企業管理者請示解決辦法和決策等。

在處理請示報告時，要將請示報告的單位、內容、時間進行詳細記錄，以備檢查。

對這種影響生產活動的請示報告，無論是口頭的還是書面的，都應立即予以答覆，以使問題儘快得到控制和解決，決不可貽誤。

步驟四 深入基層現場調度

在深入基層的過程中，對於發現的問題要及時向值班調度員指明情況，也可以提出解決問題的意見，在值班調度員的配合下，解決督辦。值班調度員也應將有關的內容按正常調度程序記錄在案。

步驟五 組織調度業務評比

調度業務工作同其他工作一樣，也可在內部開展競賽，進行評比，表揚先進、鼓勵後進、總結經驗、尋找差距，這有助於加強調度隊伍建設，提高調度工作質量。上級主管在處理生產調度業務時，要監督生產調度人員是否及時、準確地將調度情況向上級請示彙報，自己也應該在收到下級調度人員的請示和彙報之後以規範的形式下達通知和指令。

18 生產準備工作流程

步驟一 準備技術文件

技術文件（如產品和零件的圖紙、裝配系統圖、毛坯和零件的技術規程、材料消耗定額和工時定額等）是計劃和組織生產活動的重要依據。

新的或經過修改的技術文件，應當根據生產作業計劃的進度，提前發送到有關的生產管理部門和工廠，以便有關部門安排生產作業計劃和事先熟悉技術文件的要求，做好準備工作。

步驟二 準備原材料和外協件

進行生產，必須具備品種齊全、質量合格、數量合適的各種原料、材料和外協件等。這些物資由物資供應部門根據生產計劃編制物資供應計劃，並進行必要的訂貨和採購。

由於生產任務的變動，或由於物資供應計劃在執行中的變化，生產部門在編制生產作業計劃時，必須同物資供應部門配合，對一些主要原材料、外協件的儲備量和供應進度進行檢查。

物資供應部門要千方百計滿足生產的需要；生產管理部門則要根據物資的實際儲備和供應情況，及時對計劃進行必要調整，以避免發生停工待料現象。

步驟三 檢修機器設備

機器設備是否處於良好的狀態，能不能正常運轉，是保證完成生

產作業計劃的一個重要條件。

　　生產管理部門在安排作業計劃時，要按照設備修理計劃的規定，提前為待修設備儲備在製品，或者將生產任務安排在其他設備上進行，以保證設備按期檢修。機修部門要按照計劃規定的檢修期限，提前做好檢查、配件等準備工作，按期把設備檢修好。

步驟四　準備技術裝備

　　產品製造過程中的各種工具、量具、夾具、模具等裝備，是保證生產作業計劃正常進行的一項重要的物質條件。

　　編制生產作業計劃時，要檢查技術裝備的庫存情況和保證程度。有的要及時申請外購，有的要工具部門及時設計和製造，有的則要檢修和補充。

步驟五　調配生產人員

　　由於生產任務和生產條件的變化，有時各工種之間會出現人員配備不平衡現象，這就要根據生產作業計劃的安排，提前做好某些環節工作的調整和人員的調配，保證生產作業計劃的執行。

步驟六　編制生產準備計劃

　　在生產準備計劃中，要明確規定各項準備工作的內容、要求、進度和執行單位。

　　為了落實生產作業計劃，在規定工廠生產作業計劃任務時，還需要核算設備和生產面積的負荷程度，發現薄弱環節，制定並實施克服薄弱環節的措施，以保證生產任務的實現和消除負荷不均衡等現象。

　　在不定期成批生產和單件生產中，通常在編制年計劃時還不能進行設備負荷的詳細核算，所以必須每月按設備組分別核算其負荷程

度。為了能使全月均衡負荷，還需要按旬或週來分別核算。

由於在編制年生產計劃時已經進行過設備負荷的核算，在大量生產和定期成批生產中，如果月作業計劃任務與全年生產任務安排一致，就不需要每月再核算設備的負荷；如果有變動，可按最大日產量（或最大的生產間隔期產量）核算關鍵性設備和薄弱環節的負荷情況。

對於平行的工廠，即技術相同而產品不同的工廠，計劃任務的分配首先應該按其產品專業化的特點決定。但是經過設備負荷核算以後，如果發現各平行工廠的任務不均衡，也需要適當地改變任務的分配情況。

19 輪班交接工作流程

輪班交接是保持生產作業活動連續性的重要環節，企業應對崗位交接進行統一管理，明確相關工作人員的職責，規範他們的行為。

步驟一 先理好交班工作

· 一小時內不得任意改變負荷和技術條件，生產要穩定，技術指標要控制在規定範圍內，消除生產中的異常情況。

· 檢查設備是否運行正常、無損壞、無反常狀況，液（油）位是否正常、清潔無塵。

· 為下一班儲備消耗物品，工、器具齊全，工作場地衛生、清潔等。

· 認真作好原始記錄，認真清潔，無扯皮、無塗改、項目齊全、

指標準確；巡迴檢查有記錄；生產概況、設備儀錶使用情況、事故和異常狀況都記錄在記事本(或記事欄)上。

· 接班者到崗後，交班人要詳細介紹本班生產情況；解釋記事欄中寫到的主要事情；回答提出的一切問題。

· 遵守二不離開原則：班後會不開不離開工廠；事故分析會未開完不離開生產工廠。

· 遵守三不交原則：接班者未到不交班；接班者沒有簽字不交班；事故沒有處理完不交班。

步驟二　再管理好接班工作

· 接班人必須提前 30 分鐘到崗。

· 到崗後檢查生產、技術指標、設備記錄、消耗物品、技術器具和衛生等情況。

· 提前 20 分鐘召開班前會。

· 崗位一切情況均由接班者負責；接班人應將上班最後一小時的數據填入操作記錄中，並將技術條件保持在最佳狀態。

· 經進一步檢查，沒有發現問題應及時交接班，並在操作記錄上進行簽字。

· 遵守三不接原則：崗位檢查不合格不接班；事故沒有處理完不接班；交班者不在不接班。

步驟三　進行班前會管理

· 交接班雙方的值班主任、接班的全體人員必須參加；白班交接時要有一名工廠領導參加。

· 提前 20 分鐘點名。

· 參會人員必須穿戴工作服、工作帽，嚴禁穿高跟鞋和帶釘鞋。

- 交班值班主任介紹上班情況，包括生產、技術指標、設備使用、異常情況及事故、目前存在的問題等。
- 接班值班主任安排工作。
- 各崗位彙報班前檢查情況。
- 工廠領導要做出具體指示。

步驟四 進行班後會管理

- 交班者全體都要參加，白班交班時必須有一名工廠領導參加。
- 崗位交班後準時召開班後會。
- 值班主任要進行綜合發言。
- 各崗位人員介紹本班情況。
- 工廠領導要做出具體指示。

對於輪班交接的執行情況，工廠領導每日檢查一次，企業有關部門監督檢查；企業勞動紀律檢查委員會和生產技術部門還應該進行不定期檢查。

只有嚴格進行輪班交接管理，才能保證生產作業活動的有效銜接，減少輪班交替時的時間損失，使生產作業活動持續進行。

心得欄

20 現場交接班檢查流程

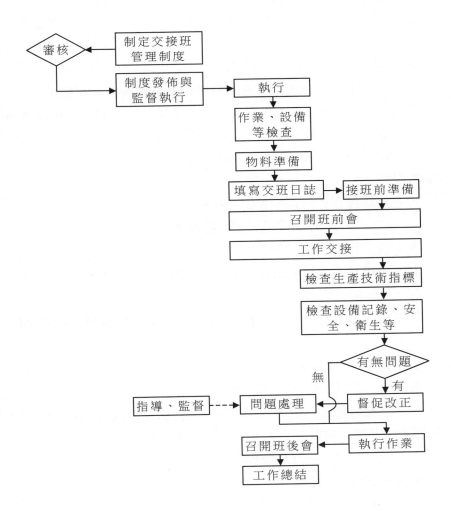

第 1 章　總則

第 1 條　為了規範工廠生產現場連續工作崗位的交接班管理工作，提高班次交抉的速度與品質，避免因交接班造成現場生產事故或失誤，特制定本制度。

第 2 條　本制度適用於工廠現場連續工作崗位的交接班管理工作。

第 3 條　各部門的職責劃分如下。

1. 生產部經理負責審批交接班管理制度並監督其執行情況。

2. 工廠主任、調度主管負責交接班制度和計劃的制訂和組織實施工作，並監督班次交接程序，不斷改進排班表。

3. 班組長負責班次交接的組織實施與管理工作，處理交接過程中發生的事件。

4. 各班組操作人員按照規定進行班次交接，完成交接任務。

第 2 章　班前會管理

第 4 條　班前會的召集規定如下。

1. 交接班雙方的值班班長、接班的全體人員必須參加，白班交接時要有一名工廠主管參加。

2. 參會人員必須穿戴工作服、工作帽，嚴禁穿高跟鞋和帶釘子的鞋。

3. 提前 20 分鐘點名。

第 5 條　班前會的內容具體如下。

1. 交班值班班長介紹上一班情況，包括生產情況、技術指標‧設備使用情況、異常情況及事故、目前存在的問題等。

2. 各崗位彙報班前檢查情況。

3. 接班值班班長安排工作。

4. 工廠主管作出具體指示。

第 3 章　接班管理

第 6 條　接班前準備規定如下。

1. 接班人必須提前 30 分鐘到崗。

2. 檢查生產、技術指標、設備記錄、消耗物品、工器具和衛生等情況。

3. 提前 20 分鐘召開班前會。

第 7 條　接班人進一步檢查，沒有發現問題應及時交接班，並在操作記錄上簽字。

第 8 條　崗位一切情況均由接班者負責，接班人應將上一班最後一小時的數據填入操作記錄中，並將技術條件保持在最佳狀態。

第 9 條　遵守「三不接」原則，即崗位檢查不合格不接班、事故沒有處理完畢不接班、交班者不在不接班。

第 4 章　交班管理

第 10 條　交班原則主要有以下兩條。

1.「三不交」原則，即接班者未到不交班、接班者沒有簽字不交班、事故沒有處理完畢不交班。

2.「兩不離開」原則，即班後會不開不離開、事故分析會未開完不離開。

第 11 條　交班前的準備工作具體如下。

1. 一小時內不得任意改變負荷和技術條件，生產要穩定，技術指標要控制在規定範圍內，生產中的異常情況應及時消除。

2. 檢查設備是否運行正常。

3. 認真做好原始記錄、巡迴檢查記錄。生產概況、設備儀錶使用情況、事故和異常狀況均應記錄在記事本上。

4. 提前為下一班儲備消耗物品。

5. 接班者到崗後，交班人需詳細介紹本班生產情況，解釋記事欄

中記錄的主要事情,回答接班人提出的一切問題。

第 12 條　班後會的召開規定如下。

1. 交班的全體人員要參加,白班交班時必須有一名工廠主管參加。

2. 交班後應準時召開班後會。

第 13 條　班後會內容主要有以下幾項。

1. 各崗位人員介紹本班情況。

2. 值班主任進行綜合發言。

3. 工廠主管作出具體指示。

第 5 章　交接班檢查與考核

第 14 條　交接班問題處理規定如下。

1. 各工廠負責交接班管理工作,若交接班過程中發現問題則由雙方班組長協商處理。

2. 意見不統一時,由工廠主任裁決後執行,重大問題要向生產部報告。

3. 交接班中出現的各相關問題及其解決方案均需詳細、真實地記錄下來。

第 15 條　未做好交接班手續即離開崗位,扣除當事人的當天薪資。

第 16 條　如在交班記錄中有意隱瞞事故,由此產生的後果由交班者負責,交接班後發生的事故由接班人員負責。

第 17 條　接班時未仔細查看有關記錄即開始生產,由此產生事故的責任由接班者負責。

21 生產時間調度流程

　　生產過程的時間，主要是針對生產工序在時間上的結合方式，就是零件在各道工序間的移動方式。不同行業、不同企業的表現形式是不同的。工序在時間上的結合方式主要表現在工人順序移動。通常都是把整批的原材料投入加工後，整批地按加工順序進行工序時的移動，同一批產品不可能同時在兩道工序上加工。

　　由於零件多種多樣，技術方法、技術路線和技術裝備千差萬別，因而零件在各道工序間的移動方式是比較複雜的。

步驟一 順序結合方式的時間組織

　　順序結合方式是把一批零件在前一道工序全部加工完畢後，再整批地轉到下一道工序去加工。

　　順序結合方式整批零件的加工，週期可按下式計算：

$$T_順 = nt_1 + nt_2 + nt_3 + \cdots\cdots + nt_m = \sum_{i=1}^{m} nt_i = n\sum_{i=1}^{m} t_i$$

式中：

$T_順$——順序結合方式的加工週期；

n——批量；

m——工序數。

　　在順序結合方式下，由於零件在各工序間都是整批移動，所以組織工作比較簡單，而且在加工期各工序的設備不停歇，可以充分負荷。但每個零件由於在各道工序上的停歇時間不同，因而都有等待加

工和等待運輸的中斷時間，從而零件的加工週期較長。

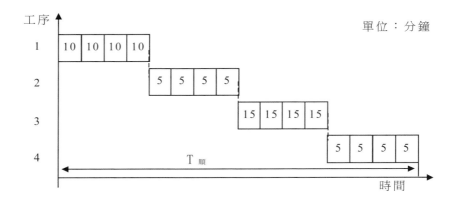

步驟二 平行結合方式的時間組織

平行結合方式是指每個零件在上道工序加工完畢後，立即轉移到下一工序進行加工。

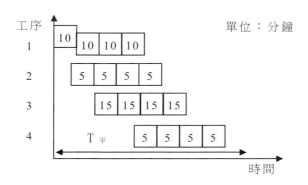

在平行結合方式下，整批零件的加工週期可按下式計算：

$$T_{平} = t_L + t_2 + t_3 \cdots + nt_L + \cdots t_m$$
$$= t_1 + t_2 + t_3 \cdots + t_L + \cdots t_m + (n-1)t_L$$
$$= \sum_{i=1}^{m} t_i + (n-1)t_L$$

式中：

$T_{平}$——平行結合方式的加工週期；

t_L——最長的單位加工時間。

仍用上例，則得：

$$T_{平} = (10+5+15+5) + (4-1) \times 15 = 80 (分)$$

在平行結合方式下，由於工序間的等待和運輸時間減少到最低限度，有時幾乎沒有，所以它的加工週期最短，工序間的在製品儲備也大大減少。

後道工序的技術時間不等時，如後道工序時間小於前道工序時間，後道工序在每個零件加工完畢後，都會發生設備和工人的停歇，而這種停歇時間又比較短，難以充分利用；如果前道工序時間小於後道工序時間，則會出現在製品等待加工的現象。

步驟三 平行順序結合方式的時間組織

平行順序結合方式是把平行結合方式和順序結合方式綜合運用的方式。即在整批零件尚未全部完成前道工序的加工時，就先將其中部份已經完成的零件轉入下道工序加工。

往下道工序轉移的提前時間，以能維持下道工序對該批零件的連續加工為準。

在平行順序結合方式下，因長短工序的次序不同有兩種安排方法：

　　第一種方法，當前道工序的加工時間小於或等於後道工序的加工時間時，加工完畢的每一個零件應及時轉入後道工序加工，即按平行方式逐件轉移。

　　第二種方法，當前道工序的加工時間大於後道工序的加工時間時，只有在前道工序完工的零件數量足以保證後道工序連續加工時，才開始將前工序完工的零件轉入後工序，即使後工序的結束時間比前工序的結束時間差一個單位的工序時間。

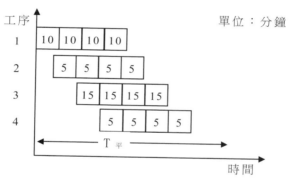

　　平行順序結合方式的加工週期，是用順序結合方式下的加工週期減去各重合部份的時間求得。當前道工序的加工時間（$t_{前}$）小於後道工序的加工時間（$t_{後}$）時，該批零件在兩道工序上加工時間的重合部份為$(n-1)t_{前}$；當前道工序的加工時間大於後道工序的加工時間時，該批零件在兩道工序上加工時間的重合部份為$(n-1)t_{後}$；當前後工序加工時間相等時，該批零件在兩道工序上加工時間的重合部份為$(n-1)t_{前}$或$(n-1)t_{後}$。

　　在上述情況下，$t_{前}$、$t_{後}$都是短工序，所以都可用$(n-1)t_{短}$表示。

　　平行順序結合方式的加工週期，可用下式計算：

$$T_{平順} = n\sum_{i=1}^{m} t_i - (n-1)\sum_{1}^{m} t_{短}$$

式中：

T 平順——平行順序結合方式下的加工週期；

T 後——前後兩道工序單件加工時間中的短者。仍用上例可得：

T 平順 = 4×(10+5+15+5)-(4-1)×(5+5+5)=95（分）

步驟四　工序結合方式的選擇

生產主管在選擇工序結合方式時，需要考慮以下主要因素：

1. 生產單位的專業化形式

如果生產單位是按技術專業化形式組成的，由於零件不便單件運送，宜採用順序結合方式。

如果生產單位是按對象專業化形式組成的，則以採用平行或平行順序結合方式為宜。

2. 工序勞動量的大小和零件的重量

工序勞動量大且重，宜採用平行結合方式；如工序勞動量小且輕，則宜採用順序結合方式。

3. 設備調整所需時間長短

如改變加工對象調整設備所耗時間多，則應採用順序結合方式，反之，可採用平行順序結合方式。

4. 生產類型

如果單件小批生產，零件種類多，每種零件數量少而技術過程極不相同，以採用順序結合方式為宜，如果是大批大量生產，則宜採用平行順序結合方式。

5. 任務的緊急程度

如加工任務緊迫，則宜採用平行結合方式。

22 生產調度管理流程

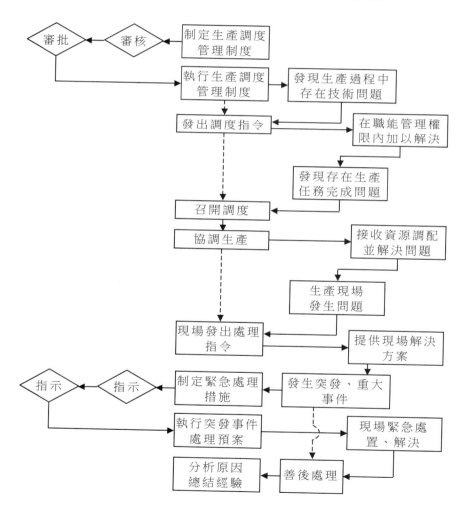

為了做好生產調度工作，保證生產人員按時到位、生產原料和設備及時供應以及生產工廠保質、保量地在交期內按時交貨，特制定本制度。

第 1 章　　總則

第 1 條　各部門的職責權限具體如下。

1. 生產調度管理是工廠生產經營管理的中心環節，生產部作為生產調度管理的職能部門，是工廠生產的指揮中心。

2. 工廠以生產調度為核心，建立與各部門、各工廠主任及生產班組長相連接的生產調度指揮系統，按程序、分層次地組織、協調、指揮生產。

3. 生產調度指揮系統對工廠的生產活動實行全面管理，堅持 24 小時倒班、每班一人。

4. 以生產調度集中統一指揮為原則，一切與生產相關的操作指令都要透過生產調度指揮系統逐級下達，情況緊急或必要時，有權調度工廠範圍內的人力、物力，以確保操作平穩，生產安全、保質、保量、按時完成生產任務。

5. 調度指令有關部門必須協作配合、貫徹執行。有不同意見時，可一面貫徹執行，一面向上一級主管彙報及請示。

第 2 條　生產調度的工作原則具體如下。

1. 生產調度應以市場為導向，以「少投入、多產出、快產出」為原則，科學利用資源，合理調配，有效進行生產過程控制，以獲取最佳效益。

2. 上道工序要按下道工序要求的產品的品種、品質、數量和時間的生產。若上道工序出現異常，在產品的品種、品質、數量、時間方面不能滿足本道工序要求時，要及時調整，以減少對後續工序的影響，盡可能保持全生產線的秩序正常。輔助工序要滿足主生產線工

序,為主生產線工序提供輔助條件。

第2章　生產調度會議控制

第 3 條　生產調度會議的主要工作事項是檢查上次調度會議決策的執行情況,同時提出本次會議需要解決的問題,透過討論最後確定措施、形成決議,並責成有關部門或人員執行。

第 4 條　生產調度會議具體會議安排及內容如下表所示。

生產調度會議分類及安排

會議分類	召開時間	主持人	與會人員	會議內容
工廠級調度會議	每月第1個工作日	主管副總	生產調度主管召集,各工廠主任及有關生產負責人參加	· 總結上月生產情況 · 協調本月產、供、銷、運、儲等工作 · 佈置本月生產任務 · 進行本月生產活動分析
生產部調度會議	每月15日和30日	生產部經理	生產調度主管召集,有關生產負責人參加	與廠級調度會議內容相似
各工廠調度會議	每週一上午	工廠主任	工廠調度員召集,各生產工廠管理人員及班組長參加	· 調度員彙報上一週生產情況和存在的主要問題,同時提出解決問題的建議和本週的生產安排意見 · 進行本週生產任務分配 · 提出安全生產注意事項
緊急調度會議	—	各部門主管根據實際情況可以安排召開部門緊急調度會議,時間、地點由會議主持人指定		· 討論與制定突發事故的處理方案 · 聽取各生產工廠彙報所急需解決問題 · 佈置臨時性、緊急的生產任務

第 5 條　會議開始前，與會人員要將當前生產情況、技術情況以及工作中存在的問題和注意事項整理成資料備用。

第 6 條　會議召集人通知參加會議的人員，告知會議的時間、地點、時長、人員安排、需要注意的事項等。

第 7 條　對未經允許擅自不參加會議或遲到、早退的人員，會議負責人有權對其進行處罰。

第 8 條　生產調度會議召開時，應由專門的記錄人員記錄會議的主要內容，並於會後填寫生產調度會議記錄表。

第 9 條　生產調度會議紀要由生產調度員起草，會議主持主管審定後發放給各生產部及有關職能部門和工廠主管，檔案室存檔一份。

第 3 章　生產調度值班與報告

第 10 條　為了保證對生產進行不間斷的監督，工廠應制定調度值班制度。

1. 工廠每個工廠設值班員，以便及時發現並隨時處理生產中臨時發生的問題。

2. 值班員要做好交接班工作並記好調度日記，以保證各班之間調度工作的連續性和銜接性。

第 11 條　工廠建立生產調度報告制度，各級主管可按時收到逐級匯總上報的調度報告，全面掌握生產的進度情況。

第 12 條　調度報告主要分為生產日報、週報、月報，反映了生產作業計劃的執行情況及存在的問題和處理意見。

第 4 章　落實生產作業計劃

第 13 條　生產調度指揮系統在接到生產部下達的月、週、日生產作業計劃後，把生產任務和各種指標分解到各班次和班組，分解的主要依據是各班組的月作業時間，即按日曆時間扣除定休時間確定各班組的工時，從而確定生產指標。

第 14 條　落實生產指標時,要考慮上月生產實績、本月設備情況、安全狀況以及各種計劃指標與標準。

第 5 章　日常生產調度控制

第 15 條　工廠班組長及時收集現場生產數據,督促生產崗位填寫各種原始記錄,整理生產日報,每週匯總一次,並將信息及時回饋給各班組,使其能根據自己的生產實績查找差距、改進工作,同時將生產數據上報給相關職能部門。

第 16 條　班組間協調與銜接的規定如下。

1. 生產調度指揮系統負責協調各個生產環節,確保設備的正常運轉與原材料、能源的及時供應。

2. 生產調度指揮系統要組織好班組間的交接班工作,每天上崗時巡視整個作業區,瞭解生產、設備狀況,查閱交接班記錄。

第 17 條　各班組根據生產例會的決定,結合所負責區域的生產實際情況,進行生產作業的調整。

第 6 章　緊急情況處理

第 18 條　當調度人員接到有關部門或工廠的緊急報警電話時,需立即撥打報警電話並通知生產部主管,迅速聯繫有關部門或其他工廠進行應急處理,同時在最短的時間內到達現場協助處理。

第 19 條　調度人員接到緊急生產任務時,首先應分析、瞭解該生產任務的特點,然後採取相應的插單措施。

23 生產人力調度流程

生產過程的人力組織，是在生產過程中合理勞動，協調勞工之間以及勞工與勞動工具，不斷調整和完善勞動分工與協作的組織形式。其目的是充分調動勞動者的積極性，充分利用勞動時間和勞動資料，不斷提高勞動生產率。

生產過程的人力組織工作的具體內容包括：在合理分工與協作基礎上配備勞動力、工作組和輪班的組織、工作地的組織、勞動定員與定額以及生產單位的配置等。

步驟一 進行勞動力的配備、分工與協作

1. 配備

合理配備勞動力，就是要根據生產的需要，為不同工作崗位配備相應工種和等級的員工，使其人事相宜，人盡其才，保證勞動生產率的提高。

為了達到這個目的，在配備時應滿足以下三個要求：

· 使每人所負擔的工作，盡可能適合本人的專業和技術特長。
· 使每個人有足夠的工作量，保證員工有充分的工作負荷。
· 使每個人有明確的職責，做到事事有人管，人人有專責。

2. 分工

勞動分工是根據一定的生產技術條件，把生產工作分成許多部份。勞動分工的粗細要適度，要考慮每個工種、崗位工作量的大小。如果分工過細過死，一些工作的工作量不大，會造成人員和設備負荷

不足。而且分工過細，操作簡單，員工長期從事一種簡單、重覆的勞動，會感到單調、乏味，容易疲倦，對工作不感興趣，不利於員工技術水準的提高和積極性的發揮。因此，分工和配備員工時，要考慮適當擴大員工的工作範圍，豐富工作內容。

3.協作

協作是將單體結合成一個有機整體。協作以分工為前提，分工以協作為條件。合理的分工協作，不僅可以提高個人的生產力，而且可以創造出一種集體的、新的生產力。

在勞動分工的基礎上，還要加強勞動者在勞動過程中空間和時間上的協作配合。

步驟二 進行工作編組

建立工作組，要根據企業的生產組織形式、生產技術條件和生產客觀需要來決定。通常在下述情況，需要組織工作組：

· 生產工作不便直接分配給一個員工單獨進行，需要幾個人密切配合共同完成的，如裝配組、修理組等。

· 看管大型複雜的機器設備，如機器製造廠的鍛壓組等。

· 員工的工作成果彼此有密切聯繫，需要加強協作配合的，如流水生產線上的作業組。

· 某些作業的基本工作與準備工作、輔助工作的關係特別密切的，可組成綜合性的作業組，如將車床切削員工與修理工、運輸工組成一個作業組。

· 員工沒有固定的工作地或工作任務不固定時，為了便於調動和分配工作，需組織作業組，如電焊組、廠內運輸組等。

· 工作任務直接分配給個人，但為了便於互相幫助、交流經驗和加強工廠，也可組織工作組，如車工組、銑工組等。

步驟三 輪班

企業的工作輪班制度，一般分為單班制和多班制。

1.合理安排各班員工的倒班

由於夜班生產打亂了人的正常生活規律，一般情況下較難保證員工正常、良好的休息，影響員工的身體健康。因此，不能固定地由一些員工長期上夜班，應實行定期輪換員工班次的倒班制。

2.合理輪休

在實行多班制生產的企業中，有一部份企業是連續性的生產企業，員工不能按公休制度一起休息，只能輪休。輪休辦法有：

· 三班輪休制。即組織三個固定輪班，每個輪班內按 1：6 配備替休員工。

· 三班半輪休制。即不在三個固定輪班裏安排替休員工，而是另組織半個班進行替換，實際上替休員工比例還是 1：6。

· 四班輪休制。組織四個固定輪班，輪流生產和休息，由於多配備一個班，其替休員工的比例是 1：3。

3.合理配備各班人員力量

各輪班人員在數量和素質方面都力求平衡，以保持各班生產的相對穩定。

4.加強夜班生產的組織工廠

一般企業的生產技術指揮力量都主要集中在白天，夜班的力量較弱，夜班遇到的問題往往難以得到及時解決，這不僅影響了夜班的生產能力，而且對白班的生產也有一定的影響。因此，企業應根據需要和可能適當加強夜班生產的組織工廠。

5.建立健全崗位責任制

必須嚴格執行交接班制度。

24 新產品研發流程

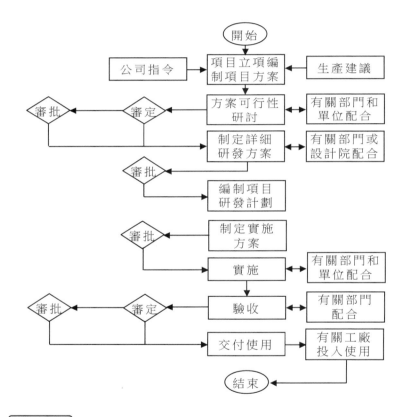

步驟一 項目研發立項

(1)流程

· 公司向產品研發部下達項目研發指令(即時)

· 相關部門或生產單位提出項目研發建議,產品研發部、技術總

監、相關部門討論、立項（即時）

‧ 產品研發部編制技術局部調整初步實施方案（依情況定）

(2)重點

‧ 項目研發的調研、討論，編制初步實施方案

(3)標準

‧ 項目研發方案的撰寫

步驟二　項目研發方案確定

(1)流程

‧ 產品研發部組織，相關部門和單位參加，項目研發方案的可行性研討（依情況定）

‧ 產品研發部將研討後的方案報技術總監審定,總裁審批（1個工作日內）

‧ 依據總裁、技術總監審批的方案，產品研發部制定詳細研發方案，有關部門或外部設計院配合（依情況定）

‧ 產品研發部將最終方案報技術總監審批（1個工作日內）

(2)重點

‧ 研發項目方案的研討、修改

(3)標準

‧ 研發項目方案的最終確定

步驟三　項目研發計劃與方案

(1)流程

‧ 研發項目方案經技術總監審批後,產品研發部編制項目研發計劃（2個工作日內）

‧ 研發部制定項目實施方案，報技術總監審批（依情況定）

(2) 重點

· 改造項目的設計圖紙

(3) 標準

· 設計圖紙正確，不影響改造項目的進行

步驟四 研發項目的執行與驗收

(1) 流程

· 產品研發部組織，相關部門和單位配合，實施項目研發（依情況定）

· 產品研發部在驗收前組織試車、開車

· 項目研發完成後，由產品研發部組織，有關部門配合，進行項目驗收（依情況定）

· 產品研發部編寫項目驗收報告，報技術總監審定，總裁審批（3個工作日內）

· 項目驗收報告經審批後，研發部組織交付使用（依情況定）

· 有關生產單位將新的研發項目投入使用（1個工作日內）

(2) 重點

· 研發項目實施過程

(3) 標準

· 研發項目按計劃完成

25 生產技術管理流程

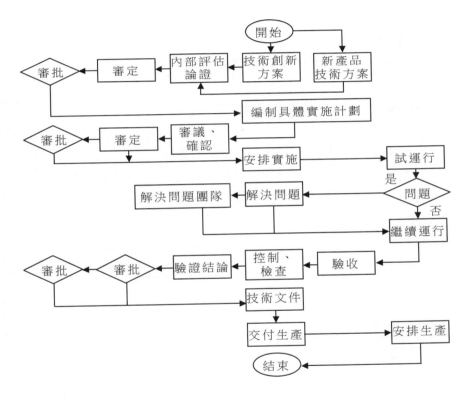

步驟一 編制和審批新技術方案

(1)流程

· 根據不同技術項目，由相關技術員編制《新產品開發方案》，
技術部匯總《新技術創新方案》，提交專家委員會對方案進行
評估論證（3個工作日內）

- 專家委員會提出評估、論證意見（1個工作日內）
- 報技術總監審定（即時）
- 報總裁審批（即時）

(2) 重點

- 新產品技術方案和技術創新方案的可行性

(3) 標準

- 方案中各種試驗資料等基礎數據

步驟二　編制審議實施計劃

(1) 流程

- 編制放大試運行實施計劃（依據方案規模）
- 實施計劃應得到專家委員會的審議和確認（依據方案規模）
- 依據管理權限分別由技術總監或總裁審批（依據方案規模）

(2) 重點

- 將放大試驗任務分解，預測可能發生的不正常現象

(3) 標準

- 提出應達成的目標要求

步驟三　安排試運行

(1) 流程

- 由技術部牽頭，生產部配合，安排試運行（2個工作日內）

(2) 重點

- 試運行的組織工作，將問題考慮的儘量週全

(3) 標準

- 試運行過程的控制記錄

步驟四 試運行問題處理

(1) 流程

· 各相關部門和單位將試運行過程中遇到的問題隨時向技術部彙報（1個工作日內）

· 技術部依據問題的性質確定處理方案，或者提交專家委員會成立專業團隊解決問題（1個工作日內）

(2) 重點

· 試運行過程的跟蹤、驗證

(3) 標準

· 試運行過程的監控記錄，各種技術數據的驗證

步驟五 試運行結論

(1) 流程

· 依據試運行資料，研發部驗證新產品技術的可靠性

· 技術部、專家委員會驗證新技術路線的特性是否符合設計要求，編寫試運行結論

· 試運行結論交技術總監和總裁審批

(2) 重點

· 驗證試運行過程中的技術參數是否符合設計要求

(3) 標準

· 驗證是否符合設計輸入的要求

步驟六 完善技術文件

(1) 流程

· 依據批示完善技術文件（依據項目規模）

・交付生產管理系統，由生產部組織各生產單位執行生產管理流程（1個工作日內）

(2)重點

・技術文件完善過程

(3)標準

・技術文件的內容包括技術圖紙、設備、技術指標、過程控制要點、產品檢驗標準等技術指標

26 技術設計流程

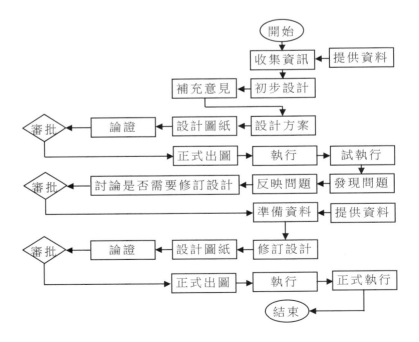

步驟一　初步設計

(1)流 程

· 技術部各技術員按各自分管的領域，廣泛收集國內外本行業的
　技術信息（隨時）

· 有關職能部門和下屬生產單位協助技術員收集信息，提供資料
　（隨時）

· 技術員進行初步設計（依情況定）

· 技術部部長給予技術員相應的指導，對初步設計提出意見和建
　議（隨時）

(2)重 點

· 初步技術設計

(3)標 準

· 初步設計及時

步驟二　推出設計方案

(1)流 程

· 技術員編制具體設計方案，各有關職能部門和生產單位進行協
　助（依情況定）

· 設計方案經技術部長審核後形成設計圖紙（2個工作日內）

· 專家委員會對設計方案和圖紙進行論證（依情況定）

· 技術設計方案和圖紙報技術總監審批（1個工作日內）

(2)重 點

· 設計方案的編制與圖紙

(3)標 準

· 設計方案切實可行，不違反有關標準、規程

步驟三　執行技術設計

(1)流程

‧ 技術部正式出圖，由相關技術員組織執行（即時）

‧ 有關生產單位試執行技術設計

‧ 生產單位在執行設計過程中及時發現問題（隨時）

‧ 技術員匯總問題，向專家委員會反映（1個工作日內）

‧ 專家委員會與技術部共同討論是否需要修訂（依情況定）

‧ 如需修訂設計，由技術總監進行審批（1個工作日內）

(2)重點

‧ 設計執行中問題的發現與論證

(3)標準

‧ 正確判斷技術設計是否需要修訂

步驟四　修訂技術設計

(1)流程

‧ 修訂設計方案經技術總監審批後，技術部相關技術員準備資料，為修訂做好準備（2個工作日內）

‧ 有關職能部門和下屬生產單位提供有關資料（隨時）

‧ 相關技術員進行技術設計修訂工作（依情況定）

‧ 技術設計修訂經技術部部長審核後出圖（2個工作日內）

‧ 新技術設計由專家委員會進行論證（依情況定）

‧ 新技術設計方案報技術總監審批（1個工作日內）

(2)重點

‧ 技術設計方案的修訂

(3) 標準

· 修訂後的技術設計方案在執行中不發生問題

步驟五 執行修訂方案

(1) 流程

· 修訂後的技術設計方案經技術總監審批後，技術部出臺正式圖
  紙（2個工作日內）

· 相關技術員組織執行新技術設計方案（即時）

· 有關生產單位執行新的技術設計方案

(2) 重點

· 新技術設計方案的執行

(3) 標準

· 新技術設計方案得到全面、正確的落實

心得欄 _____

_____

_____

_____

_____

_____

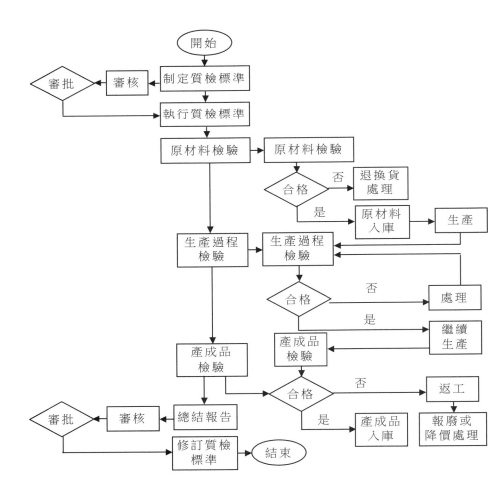

27 生產品質管制流程

步驟一 制定品質管制標準

(1) 流程

· 由質量部組織，市場部、生產部和研發部等職能部門，制定公司的品質管制標準、執行辦法、程序等質量文件。按照品質管制體系標準的要求編寫質量手冊和程序文件

· 報技術總監審核，技術總監應提出自己的意見和建議

· 報公司總裁審批

· 產品質量標準按照國標、行標，或經過備案批准的企標由技術質量部成文，下發給內部各職能部門、生產單位

(2) 重點

· 確定產品執行標準的文件

(3) 標準

· 按形成文件的程序制定質量標準

步驟二 執行品質管制標準

(1) 流程

· 品質管制標準獲得批准後，由技術質量部執行

· 組織對原材料、生產過程和產成品進行檢驗

(2) 重點

· 原材料、產品實現過程和產品的質量監控

(3) 標準

· 檢驗報告單原始記錄

步驟三 原材料檢驗

(1) 流 程

- 檢驗室對採購的原材料進行檢驗
- 質量合格的入庫
- 質量不合格的執行退換貨處理辦法

(2) 重 點

- 原材料檢驗執行的標準;原材料質量驗證記錄
- 不合格原材料的處理

(3) 標 準

- 原材料檢驗記錄,驗證記錄,合格供方名錄

步驟四 生產過程檢驗

(1) 流 程

- 各生產單位對生產過程進行質量監控,並定期向公司質量部 進行彙報
- 生產過程檢驗合格的繼續生產
- 生產過程不合格的執行返工處理辦法

(2) 重 點

- 生產過程質量監控

(3) 標 準

- 生產過程的質量記錄

步驟五 產成品檢驗

(1) 流 程

- 公司檢驗室對產成品進行質量檢驗

- 質量合格的入庫
- 質量不合格的執行返工處理辦法

(2)重點
- 產成品進行質量檢驗

(3)標準
- 產品質量檢驗報告

步驟六　質檢總結報告

(1)流程
- 質量部進行年質檢總結報告
- 報技術總監審核，並提出自己的意見和建議
- 報公司總裁審批　‧進行管理評審

(2)重點
- 年質檢總結報告的編寫，提供管理評審的輸入內容

(3)標準
- 管理評審紀要
- 制定糾正和預防措施，實施持續改進

步驟七　修檢質檢標準

(1)流程
- 技術部按照公司糾正和預防措施管理程序，根據總裁審批意見修訂公司質量檢驗標準

(2)重點
- 修訂公司質量檢驗標準

(3)標準
- 形成受控文件

28 品質標準制定流程

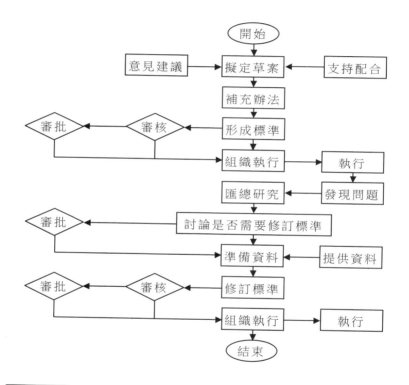

步驟一 制定品質標準

(1)流程

· 品質部根據有關標準和規定擬寫品質標準(5 個工作日內)

· 技術總監向品質管理部提出品質標準的意見和建議(隨時)

· 相關職能部門和生產單位提供相關資料,配合品質部的編寫

（隨時）
- 品質部將公司品質標準補充完善，形成較成熟的文件（2 個工作日內）
- 品質標準報技術總監審核，總裁審批（1 個工作日內）

(2) 重點
- 品質標準的編寫

(3) 標準
- 公司品質標準編寫及時、全面

步驟二　執行品質標準

(1) 流程
- 品質部組織執行上級審批的公司品質標準
- 相關職能部門和各生產單位認真、徹底執行公司品質標準

(2) 重點
- 公司品質標準的執行

(3) 標準
- 公司品質標準執行得全面、徹底

步驟三　修訂品質標準

(1) 流程
- 相關職能部門和生產單位在生產過程中發現與品質標準相關的問題，及時向品質部彙報（即時）
- 品質部匯總相關品質問題（2 個工作日內）
- 技術總監、品質部、相關職能部門和單位討論是否需要修訂品質標準，報總裁審批（依情況定）
- 如需修訂品質標準，品質部準備相關資料，相關職能部門和生

產單位給予配合（2 個工作日內）

· 品質部修訂的標準報技術總監審核（1 個工作日內）

· 修訂的標準報總裁審批（1 個工作日內）

⑵重 點

· 品質標準的修訂

⑶標 準

· 品質標準修訂及時，符合公司實際情況

[步驟四] **新品質標準的執行**

⑴流 程

· 修訂後的品質標準經上級審批後，品質部及時組織有關職能部
門和生產單位執行

· 對於新的品質標準，品質部對相關人員進行適當的教育、培訓

· 相關職能部門和生產單位認真執行新的公司品質標準

⑵重 點

· 新品質標準的執行

⑶標 準

· 新品質標準執行得及時、全面

29 品質管理會議實施辦法

步驟一 會議目的

1. 總結檢討上個月的品質狀況。

2. 就重大品質事項達成決議。

3. 制訂次月品質管理的各項工作計劃。

步驟二 參會人員

1. 會議主席。由企業最高管理者擔任，當其無法出席時，由其職務代理人擔任。

2. 主持人。由品質管理部門經理擔任。

3. 參加人員。副總經理、總工程師、各部門經理、品質管理部門主要幹部。

步驟三 會議時機

1. 月品質管理會議在每月5日14：00～17：00召開，遇節假日順延。

2. 會議時間如有變更，經企業最高管理者核准後，由品質管理部門負責通知。

步驟四 會前準備

1. 品質管理部門負責於每月4日將各部門品質狀況月報表匯總、填妥，並轉發各與會人員。

2. 上次會議決議事項的各責任人員須在決議規定完成期限之前，完成所承擔的工作事項。

3. 品質管理部門在4日前應再度對各決議事項完成情況作追蹤確認。

4. 各與會人員依本部門品質狀況準備必要的資料、報表或樣品，以便在會議上報告或討論。

5. 各與會人員應於會議開始前 5 分鐘到達會場。

步驟五 **會議議程**

1. 會議開始。由主持人宣佈會議開始。

2. 追蹤上月會議決議事項完成情況。由主持人追蹤上月決議事項，各部門經理簡要回答完成狀況，其他人員可提出異議或補充。

3. 各部門品質狀況報告。由品質管理部門經理或各品質管理單位幹部報告各部門上月品質狀況，簡要報告主要數據，並就重大品質事項提出分析或報告。

4. 溝通協調事項。各與會人員提出需與其他部門協調的事項，由相關人員討論處理。

5. 會議主席工作指示。會議主席就相關問題向責任人員提出質詢、表揚、指示或要求，並就企業的品質經營方針或下個月的行動計劃作出指示，

6. 形成會議決議。記錄入將會中達成的重要決議事項整理後，交由主持人作陳述，各與會人員可提出異議，若無異議則確認為決議事項。

7. 會議結束。由主持人宣佈會議結束。

步驟六 會後工作

1. 由會議記錄人員將會議狀況整理成《會議記錄》及必要的《決議事項追蹤表》，呈品質管理部門經理審閱。

2.《會議記錄》應分發各與會人員人手一份。

3.《決議事項追蹤表》應分發至相關責任人員。

4. 各決議事項的擔當者應在規定期限內完成要求的工作事項。

5. 各與會人員應將會議精神傳達本部門相關人員，並貫徹至日常工作中。

6. 品質管理部門對會議事項作確認追蹤。

30 品質委員會管理流程

步驟一 成立品質委員會

(1)流程

· 由品質部部長提名公司品質委員會名單（2 個工作日內）

· 品質委員會名單報技術總監審核（1 個工作日內）

· 品質委員會名單報總裁審批（1 個工作日內）

· 技術總監擔任品質委員會主席，品質部長擔任常務副主席

· 品質部向相關職能部門和各生產單位下發文件，正式成立公司品質委員會（1 個工作日內）

(2)重點

· 公司品質委員會人員的確定

(3)標 準

· 人員確定及時、準確，組織機構健全

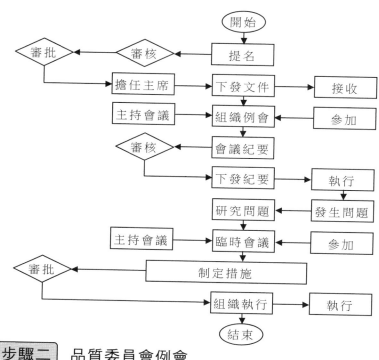

步驟二 品質委員會例會

(1)流 程

· 品質部部長定期召集品質委員會成員，召開品質委員會例會，
  討論本月內生產品質問題(每月 1 次)
· 技術總監主持品質委員會例會
· 各相關職能部門和生產單位的品質委員會成員參加例會
· 例會結束後，品質部及時編寫會議紀要(1 個工作日內)
· 會議紀要經技術總監審批後，品質部及時下發到相關職能部門
  和生產單位，執行會議決議(即時)

(2) 重點

· 品質委員會例會的召開

(3) 標準

· 品質委員會例會召開及時

步驟三　發生品質問題

(1) 流程

· 各生產單位發現品質問題及時向品質部彙報（即時）

· 品質委員會在檢查中發現問題

· 品質部匯總各品質問題研究召開臨時會議（1 個工作日內）

(2) 重點

· 發生品質問題的匯總與研究

(3) 標準

· 是否召開品質委員會臨時會議斷定及時、準確

步驟四　品質委員會臨時會議

(1) 流程

· 品質部部長針對具體發生的品質問題，組織召集品質委員會臨時會議（即時）

· 技術總監主持品質委員會臨時會議

· 相關職能部門和生產單位各品質委員會成員參加品質委員會臨時會議

· 品質委員會研究制定品質問題的解決措施（2 個工作日內）

· 解決措施報總裁審批（1 個工作日內）

(2) 重點

· 制定品質問題的解決措施

(3) 標 準

· 解決措施制定及時，妥善地解決問題

步驟五　落實解決措施

(1) 流 程

· 品質部組織落實品質委員會臨時會議制定的問題解決措施(按措施規定時間)

· 相關部門和生產單位執行問題解決措施(按措施規定時間)

· 生產單位將解決措施的情況回饋到品質部(即時)

· 品質部編寫問題報告，報技術總監審批(2 個工作日內)

· 品質部將問題填入品質報表(即時)

(2) 重 點

· 品質問題的解決

(3) 標 準

· 品質問題得到及時、徹底、全面的解決

心得欄

31 進料檢驗流程

　　進料檢驗是為避免不良原料進入物料倉庫的控制而進行的管制，也是評價供料廠商主要的資信來源。進料檢驗是品質管理的第一道關口，企業應重視並安排收料人員和檢驗人員認真進行。

步驟一 制定材料驗收規範
　　為利於材料檢驗的作業，品質管理部門需要就材料重要性及特性等，適時召集使用部門及其他有關部門，依所需的材料品質研訂「材料驗收規範」，作為採購及驗收的依據。

步驟二 接收物料
　　材料進廠後，物料管理收料人員應立刻會同檢驗部門依「裝箱單」及「訂購單」開櫃（箱）核對材料名稱、規格並清點數量，然後將到貨日期及實收數量填入「訂購單」。開櫃（箱）後，如發現所載的材料與「裝箱單」或「訂購單」所記載的內容不符時，應立即通知採購部門處理。

步驟三 檢驗項目
・ 外觀檢驗。
・ 結構檢驗。
・ 電氣特性檢驗。
・ 化學特性檢驗。

- 機械性能檢驗。
- 物理特性檢驗。

步驟四　標記材料

　　進廠待驗的材料,必須於物品的外包裝上貼材料標籤,並詳細註明料號、品名規格、數量及入廠日期,且與已檢驗材料分開儲存,並規劃「待驗區」以示區分。收料後,收料人員應將每日所收料品匯總填入「進貨日報表」,以作為入賬清單的依據。

步驟五　抽樣檢驗

1. 確定允收水準

　　允收水準(AQL)需協商確定,一般可定在 0.5%—1.0%(或依特定產品而定)。

2. 採用 MIL-STD-105E 檢驗水準 II

　　MIL-STD-105E 是工業常用的抽樣標準,在設定其水準時要注意以下內容:

- 如果沒有特別指定時,採用水準 II。
- 一些簡單的物品,即使批次誤判的比率略大於 II,也不會有太大影響時,為了縮小採樣數量,可用水準 I。
- 對一些重要的物品,為了減少誤判的比率,可以用水準 III。
- 特別水準為 S-1,S-2,S-3,S-4 四級。像一些破壞性檢查,因費用高昂,要通過又少又準的採樣來判定批次時,可以採用特別水準。

步驟六　處理檢驗物料

　　檢驗合格的材料,檢驗人員在外包裝上貼合格標籤,物料管理人

員再將合格品入庫定位。

　　檢驗不合格的材料，檢驗人員在材料包裝上貼不合格的標籤，並在「材料檢驗報告表」上註明不良原因，提請主管核示處理對策，並轉採購部門處理及通知請購部門，再送回物料管理人員，並憑此辦理退貨。

32 抽樣檢驗流程

　　抽樣檢驗是根據預先確定的抽樣方案，從交驗批中抽取規定數量的樣品構成一個樣本，通過對樣本的檢驗推斷批合格或批不合格的檢驗方法。抽樣檢驗在品質管理中佔據非常重要的地位，直接影響著產品的品質。

步驟一 選擇抽樣次數

　1.一次抽樣

從批中抽取樣本，根據檢查結果判斷批合格或批不合格。

　2.二次抽樣

　　第一次按規定樣本大小抽樣並檢驗，做出合格、不合格或繼續抽檢的結論。若結論為繼續抽檢，則按規定樣本大小做第二次抽樣檢驗，根據累計抽樣檢驗結果判定批合格或批不合格。

　3.多次抽樣

　　多次抽樣檢驗是二次抽樣檢驗的擴展。每次均按規定的樣本大小抽樣並做檢驗，將各次抽樣結果累計與判定陣列比較，做出合格、不

合格或繼續抽檢的結論，直至抽檢次數可做出合格或不合格判斷為止。

步驟二　明確檢驗項目及規格

對於來料檢驗來說，依據產品設計要求的零件圖紙、材料、要求等事項做成檢驗規格書；對於成品檢驗來說，依據成品的圖紙及設計規格等，做成成品檢驗規格書。

步驟三　規定單位產品品質特性

在產品技術標準或訂貨合約中，必須明確規定單位產品技術性能、技術指標、外觀等品質特性。

步驟四　規定合格品質水準

對不同的類別須分別規定不同的合格品質水準。對 A 類不合格，AQL 值須小於 B 類不合格；同樣，對 C 類規定的 AQL 值要大於 B 類。抽樣表中，AQL 小於 10 部份的 AQL 值，可以是每百單位產品不合格品數，也可以是每百單位產品不合格數，大於 10 的那些不合格品品質水準，僅僅是每百單位產品不合格數。

步驟五　決定檢驗水準

根據 MIL-STD-105D 標準，一般檢驗水準有 3 種：Ⅰ、Ⅱ、Ⅲ，而特殊檢驗水準有 4 種：S-1、S-2、S-3、S-4。企業一般情況下通常採用一般檢驗水準 Ⅱ 即可；當需要的判別力較低時，可使用一般檢驗水準 Ⅰ；當需要判別力較高時，可使用一般檢驗水準 Ⅲ；特殊檢驗水準僅適用於必須使用較小的樣本，而且能夠或必須允許較大的誤判風險。

步驟六　確定批的構成

　　構成一個批的單位產品的生產條件應當盡可能相同，即是應當由原、輔料相同，生產員工變動不大，生產時期大約相同等生產條件下生產的單位產品組成。

步驟七　選擇抽樣方案類型

　　對於給定的一組合格品質水準和檢查水準，可以使用不同類型的對應抽樣方案，通常根據比較各種不同類型抽樣方案的管理費用和平均樣本大小，決定採用一次、二次或多次抽樣方案。

步驟八　抽樣及檢驗樣本

　　樣本的抽取要能代表批品質，若檢驗批由若干層組成，就以分層抽樣方法抽取樣本。在使用兩次或多次抽樣方案時，每個樣本都應從整批中抽取；抽樣時間可以在批的形成過程中，也可以在批組成以後。然後根據企業規定對單位產品規定的檢驗項目，逐個對樣本單位進行檢查，並累計不合格品總數或不合格總數。

步驟九　判定批量

· 根據不同缺陷等級確定允許水準 AQL。
· 缺陷數小於合格判定個數 A_c 時，判定該批量合格，而超過了不合格判定個數 R_e 時，則判定該批量不合格。
· 判定每種等級缺陷(缺陷、嚴重缺陷、輕微缺陷)的合格與不合格標準。
· 所有的等級都合格時，則判定該批量合格，而不管是那一個等級有不合格時，就判定該批量不合格。

步驟十 處置檢驗批

· 如判定為合格則整批接收。

· 對經逐批檢查合格暫時入庫的產品,若在庫存超過一定時間(參照技術標準或訂貨合約)則須重新逐批檢查。合格後交付訂貨方。如檢查不合格,按再次提交檢查批次處理。

· 不管整批產品接收或拒收,或不合格品是否為樣本的一部份,只要是檢查時發現的不合格品就可以拒絕接收,拒收的不合格品可修理或校正,經檢驗合格後,才可以入庫或出貨。

33 品管圈實施流程

　　品質管理圈(Quality Control Circle,QCC),也稱品質管理小組,簡稱品管圈或 QC 小組。它是指在同一生產或工作現場的從業人員,就現場生產或工作中存在的問題,以保證和改善品質、降低消耗、提高效率和效果,以及人的知識技能和品質理念為目的而自願組成的,運用品質管理方法和專業技術開展的活動小組。

步驟一 組建品管圈

　　一般情況下可由生產或工作現場同一小組的全體或部份成員組成;也可以班長為大圈圈長,組長為中圈圈長;組內分別組成幾個小圈。由小圈成員自選圈長。每一品管圈的成員一般以 7—10 人左右為宜。不可過多。圈長可由行政主管兼任或以民主選舉方式產生,需具

有一定的工廠能力及專業技術水準。

步驟二 命名品管圈並登記

第一次圈會時，應進行圈命名。圈員之間先要營造一個共識的氣氛，在善意的氣氛中，可以使用腦力激蕩法來選擇適合本圈個性的圈名。

為便於加強指導、促進管理，品管圈組成後，應按企業的規定先在企業內辦理註冊登記，如向品管圈總部註冊，則按總部規定辦理。註冊登記的目的，一是加強工廠；二是獲得支持和幫助。

步驟三 召開品管圈成立大會

由企業內各級促進組織召開隆重的品管圈成立大會，介紹每一品管圈的名稱及其成員，並由圈長代表本圈表示決心，給全圈人員以深刻的印象。

步驟四 掌握部門內的問題

第二次圈會時，圈員應各自把個人收集的部門內的問題提出來討論。一般來說，工作現場的問題大致是：效率問題、品質問題、成本問題、服務問題。

步驟五 確定選題

QC 小組活動能否取得成功，選題恰當與否十分重要。在選題時應充分注意以下幾個方面：

· 選題要合適和實用，避免大而空。
· 選題要先易後難。
· 選題要具體明確。

· 選題要有依有據，來源合理。
· 選題一般來自工作中的問題，這些問題涉及：效率、品質、浪費、成本。

步驟六 調查分析

調查分析的目的是通過一系列統計和分析手段，掌握必要的材料和數據，找出產品品質問題的原因，同時也為確定目標值打下基礎。

調查分析時，要注意以下幾點：

· 注意調查的客觀性，調查的情況要真實可靠。
· 注意調查的時間性，起止時間至少有一端要被 QC 小組活動時間所覆蓋，若離得太遠就不準確不可靠。
· 調查的對象必須是主要問題。

步驟七 設定目標值

設定目標值是確定小組要把問題解決到什麼程度，也是為檢查活動的效果提供依據。

設定目標值應利用 5W2H 方法，回答以下七個問題：

· 為什麼要制定這一措施（Why）？
· 這一措施要達到什麼目標（What）？
· 什麼時候完成（When）？
· 在那兒執行這一措施（Where）？
· 誰來執行這一措施（who）？
· 怎樣執行這一措施（How）？
· 大約需花費多少資源（How much）？

步驟八　擬定品管圈活動計劃書

課題確定後,應按規定格式擬定活動計劃書。由於品管圈活動主要針對所選定的課題,因而活動計劃書即課題計劃書。擬定計劃書時也應按 4 個步驟進行,即:

- · 分析現狀,找出存在問題。
- · 分析產生問題的原因及其影響因素。
- · 找出主要原因。
- · 制定針對問題的計劃並做出明確分工。

步驟九　分析原因並制定對策

分析原因並制定對策時,可使用魚刺圖法,全體圈員用腦力激蕩法,將可能的原因一一找出,最後再確定幾個主要原因。接著便是提出列為消除原因的項目,並研討出一份改善計劃表。

步驟十　制定對策計劃

確認要因後,要針對要因採取相應措施,並擬定一份對策計劃表。計劃表的內容包括:需改善的項目、問題和現狀、設定的目標值、對策措施、對策措施負責人、預定完成時間。

制定對策計劃時要注意:

- · 對策措施應具體可行,能實施和檢查。
- · 對策應由不同組員提出和承擔,不能只由少數人負責,做到全員參與。

步驟十一　實施計劃

按計劃內容及分工開展活動。為更有效地達成計劃目標,品管圈

應經常開展有關技術知識、技能、方法及其有關知識的學習。在實施過程中，圈長應積極地發揮作用。

步驟十二　檢查計劃執行情況

計劃執行後，應定期或不定期檢查計劃執行情況及所獲取的實際效果。如確已收到實效，則應分析是何種措施的結果，以便繼續實行；如確實無效果，則應重覆 7、8、9 中的各步驟。

步驟十三　效果維持

有些品管圈進行工作改善，當實施的對策奏效後，沒有將做法作為新的標準修訂，以致過不了多久，因人員更換或其他原因，新的做法未能完整地持續下去，而使原先所得到的成果毀於一旦。因此，在改善對策取得成果後，應將作業標準予以修訂，或製作新的作業標準書，如此才能維持原先的效果，此做法即維持管理。

步驟十四　成果交流

參加各級成果發表會、經驗交流會或在有關媒體上發表本圈成果，交流經驗，接受評價與表彰獎勵。成果材料要以活動記錄為基礎，並進行必要的整理，用事實說話，不要生搬硬套，事後編造。

步驟十五　年終評價

品管圈除每一課題結束時進行自我評價外，一般年終還需進行一次自我評價，以評價全年的連續性活動，並提出對直屬主管和技術人員的下一步要求，然後由直屬主管給予評價。

此外，企業各階層都要對所管範圍內的品管圈活動做出全面總結評價，並進行表彰獎勵，以鼓舞士氣，提高活動的效果。

34 半成品制程控制流程

步驟一 確定 IPQC 控制範圍

IPQC 控制環節為：物料入倉後至半成品入倉前的控制，主要為半成品製造現場各部門的品質控制。

步驟二 設置控制點

控制點設在何處，設置時應主要考慮在製品的不穩定因素。

· 該產品以前生產有異常，有較高不良品的記錄。

· 使用的生產設備不穩定。

· 工裝夾具、模具有不良情況。

· 得到 IPQC 對不良物料的資訊反饋。

· 新員工操作。

· 新產品、新材料、新設備的投入。

步驟三 確認首件檢驗

對於每款產品、每台機器正確生產前，IPQC 要確認作業員送檢的首件產品，並將檢驗結果記錄於「制程首件檢驗記錄表」中。

步驟四 核對生產資料

在每款產品、每台機器正式生產時，IPQC 應對領用的物料、設備狀態、使用的工模具、作業指導書的版本進行核對。

步驟五 實施 IPQC 巡檢

1.巡檢時間頻率

IPQC 在進行巡檢時,要不間斷地按機台、工位逐次巡檢,在生產高峰期,應保持 1～1.5 小時巡檢一次。特別時間,可向部門申請人力援助,以保證巡檢密度。

2.按產品品質標準檢驗

· 外觀檢測:目視、手感及參照生產樣板驗證。

· 尺寸:運用量具檢測。

· 功能特性:可用檢測儀器進行驗證,必要時取樣給 QE 工程師做試驗。

· 機器運行參數:將實際參數與「產品技術指導單」上的數據對比。

· 產品物料擺放:檢查產品、物料、邊角廢料、不合格品是否擺放在規定的區域。

· 環境:檢查環境清潔,是否有產品、物料散落在地面上。

· 員工作業方法:員工是否按規定制度操作機器,更換產品生產時是否通知 IPQC 到場驗證(包括修機、修模、換料)。

· 檢查物料、產品、機器標識狀態。

步驟六 製作 IPQC 巡檢記錄

IPQC 在每次檢驗後,要將檢驗結果如實記錄在「制程 IPQC 巡檢記錄表」上。

步驟七 品質異常的反饋與處理

IPQC 在巡檢過程中,若發現有品質異常現象時,做如下行動:

- 自己可判定時，填制「IPQC 檢驗問題報告」，經主管審核簽名後，交生產部進行改善。
- 若自己不可判定時，則持不良品樣板交主管確認後，制單交生產部進行改善。
- 對生產部回覆的改善措施進行確認，並追蹤改善效果。
- 對產生的不合格品進行隔離、標識。
- 將改善的「IPQC 檢驗問題報告」的「品檢聯」交回品質部。

進行 IPQC 檢驗時應該具體規定檢驗項目、檢驗方法、檢驗頻率，如果在檢驗中發現了不合格產品，那麼在它轉入下一道工序之前必須進行處理，以保證最終產品的質量。

35 成品出貨檢驗流程

步驟一　提前通知

業務部根據成品出貨日期，提前三天通知品管部驗貨。

步驟二　驗貨準備

驗貨準備品管部在正式驗貨前 1 小時，通知貨倉部進行驗貨準備。

步驟三　將貨品運到「驗發區」

貨倉部根據品管部的驗貨通知內容，將待驗訂單貨品全數運到「驗發區」，並掛「待驗」標誌牌。

步驟四 準備資料、樣品

品管員針對驗貨品，準備相應的資料、樣品。

步驟五 產品品質檢驗內容

品管員根據客戶訂單或產品規格，確定抽樣計劃，對出貨產品品質進行檢驗，檢驗內容包括：

1. 外觀檢查

檢查產品是否變形、受損，配件、元件、零件是否鬆動、脫落、遺失。

2. 尺寸檢驗

測試產品是否符合規格，零配件尺寸是否符合要求，包裝袋、盒、外箱尺寸是否符合要求。

3. 特性驗證

檢驗產品物理的、化學的特性是否產生變化及對產品的影響程度。

4. 壽命試驗

在類比狀況下和破壞性試驗狀態下，檢測產品壽命期限。

5. 測定產品抗衝擊能力

測定產品抗拉力、抗扭力、抗壓力、抗震力等方面是否符合品質要求。

6. 檢查產品包裝和標識

檢查產品的包裝方式、包裝數量、包裝材料的使用，單箱裝數是否符合要求。

標識紙的粘貼位置、書寫內容、外箱的填寫是否規範。

紙箱外包裝是否有品檢「PASSED」印章。

步驟六 判定不合格品

品管員根據「產品品質標準」判定不合格品數量，若品管員無法判定的產品，可填寫「品質抽查報告」連同不合格樣品交品管主管判定。品管員根據最終仲裁結果，確定不合格品處理意見。

步驟七 判定與標識驗貨結果

品管員根據不合格品的確認結果，判定該批產品是否允收。

· 對允收批(單)產品，則在其外箱逐一蓋「QA PASSED」印章，並通知貨倉部入庫。

· 對拒收批(單)產品，品管員掛「待處理」牌，貨倉不得擅自移動此類產品。

步驟八 產品的補救和返工、返修、報廢

品管部根據檢驗結果，確定送檢批產品的允收情況，並書面通知生產部進行補救、返工、返修。

1. 補救

補救即品管員確認該批產品允收，但生產部需按查驗出來的不合格品數量進行補救。

2. 返修

返修是經品管員檢驗發現整批有較多的產品存在輕微缺點，且已超過允收數量，由品管部發出「產品返工/返修通知」，要求生產部門糾正。在產品返修過程中，品管部應派員監督並重檢，直到合格為止。並在外箱逐一蓋「QA PASSED」印章。

3. 返工

經確認的不合格品率已超過品質允收標準(AQL)時，品管部填發

「產品返工/返修通知」，要求生產部及時返工，返工過程的品質控制由現場 QC 負責。返工完成後，生產部須通知品管員到場重檢，直到合格為止，並在外箱逐一蓋「QA PASSED」印章。

4. 報廢

品管員對存在的嚴重不合格產品應及時填制「報廢申請單」申請報廢。對批准後的報廢品，由貨倉部運到廢品區進行處理。

步驟九 進行驗貨記錄

品管員在完成所有驗貨後，及時填制「成品出貨檢驗報告」交品管主管簽批，並將此期間產生的所有表單一起交品管部存檔，品管員只保留「品管員工作日誌」。

如有客戶 QC 驗貨時，由品管部派員陪同，驗貨程序同品管員驗貨一樣，但要使用客戶 QC 驗貨記錄單，驗貨完成後，由陪同的品管員將客戶 QC 驗貨記錄單一式二份交品管主管簽名，一份由品管部自行保存，另一份交客戶 QC。

心得欄

----

36 進料檢驗規定辦法

　　為進料檢驗工作提供依據，規範進料檢驗工作流程，確保只有經過檢驗合格的物料或半成品才能入庫，流入生產線，從而保證品質。適用於本公司進料檢驗作業。

步驟一　權責

　　1. 品管部：負責按要求執行進料的檢驗作業、進料產品的狀態標識、不良進料的信息回饋、不良進料的跟催處理、特採物料的限度樣品製作和確認，以及協同採購部對供應商進行評估、考核、輔導等。

　　2. 採購部：負責主導對供應商的評估、考核、輔導，和聯絡供應商對不良進料的跟蹤處理、不良進料信息回饋供應商並跟催回覆等。

　　3. 倉儲部：負責進料的暫收送檢、合格品的及時入庫、不合格品的及時退料等。

　　4. 工程部：負責品管部 IQC 進料檢驗的測試夾具、治具等工具的製作，為生產部門提供特採進料的加工方法、挑選方法等。

　　5. 計劃部：負責不良進料特採申請作業、組織不良物料會簽作業、及時將最終會簽結果回饋給採購和品管等。

　　6. 生產部：負責組織特採進料加工、挑選作業，並統計加工、挑選工時給採購部和財務部。

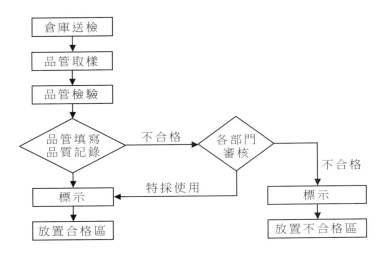

作業程序及要求

1. IQC 檢驗員每天接到倉庫的進料通知——「交貨驗收入庫單」時，必須檢查單據的料號、品名、規格是否和實物相符，如不相符，品管部 IQC 檢驗員則拒絕檢驗並要求送檢部門做出更正後再執行檢驗；若發現進料為第一次來料時必須經過品管部主管核准後方可執行檢驗。

2. 檢查確認該料的供應商是否為合格供應商，若非合格供應商則不執行物料的檢驗並同時通知採購部作相應處理，待品管部主管通知。

3. 檢查確認該料是否為免檢物料，若為免檢物料則核對標識後貼上免檢標籤直接置於合格區，若非免檢物料則按 6.4 執行。

4. 依進料通知——「交貨驗收入庫單」調出物料《抽樣標準》、《進料檢驗標準》等資料，準備必要的設備儀器，調出「供應商品質履歷表」，以瞭解過去的交貨品質情況。

5. 執行檢驗。執行檢驗時必須注意以下事項。

⑴抽樣必須注意隨機和分層原理。

⑵檢驗完畢的抽樣樣品必須歸回原位。

⑶參考規格圖樣、承認書、樣品等，正確使用儀器工具進行檢驗。

6. 檢驗結果判定。依據《抽樣檢驗標準》對檢驗結果主、次缺陷均未達拒收數的，則此批為允收批，否則為拒收批；未經承認的和不合格供應商的進料也視為拒收。

7. 檢驗完成後及時填寫品質記錄「進料檢驗報告」，允收（合格）批則貼上合格標識，拒收（不合格）批則放置「處理中」標誌牌後依8.執行。

8. 進料檢驗品質異常處理。

⑴不合格進料的「進料檢驗報告」開出後，須填寫「供應商品質異常處理單」給採購部發給供應商要求在規定時間內提出改善對策，同時將不合格進料的「進料檢驗報告」分發給採購部和計劃部，採購部將不良情況回饋給供應商聯絡相關處理方案，計劃部根據用料需求狀況，決定是否召開物料特採會議或直接開具「特急用料特採申請單」給相關部門會簽，由副總最終裁決生效。

⑵計劃部將簽核完的「特急用料特採申請單」分發給採購部和品管部。

⑶採購部根據「特急用料特採申請單」結果執行採購作業。

⑷品管部根據「特急用料特採申請單」結果將同意特採的進料貼上特採標識，同時確定好限度樣品給生產部，將不同意特採的進料貼上不合格標識，並將「特急用料特採申請單」附在相應的「進料檢驗報告」後面。

9. 填寫「交貨驗收入庫單」。

⑴允收（合格）批：在入庫單上填寫「OK」。

(2)拒收(不合格)批：在入庫單上填寫「NG」。

(3)特採批：在入庫單上填寫「OK」並註明「特採」字樣。

(4)取出品管聯後將其餘「交貨驗收入庫單」給倉庫，倉管員根據「交貨驗收入庫單」將允收(合格)批、特採批置於合格區，拒收(不合格)批置於不合格區，以避免誤用，特採品應優先使用，以利管制。

(5)將進料檢驗狀況記入「供應商品質履歷表」。

37 在製品控制流程

為明確公司在製品的管理，確保在製品的品質控制，特制訂本程序。適用於公司的在製品管理。

步驟一 權責部門

1. 工廠負責：和物流部門共同規劃工廠在製品期量標準；透過調整作業計劃，優化在製品庫存；管理工廠在製品(包括委外加工材料)；監督電腦系統在製品賬目數據的正確性。

2. 財務部負責：公司在製品總賬的管理；確定和調整各工廠及隸屬物流的在製品庫存資金額度。

步驟二 定義

在製品是指所有權屬於公司的，根據生產計劃生產，存在於批量生產過程中各個環節(生產、倉儲、轉移、工序外協等)的所有生產材料、毛坯、外購件(包括國產和進口)、半成品和尚未報交的完工產品。

在製品包括以下 3 類。

1. 停留在各工廠進行加工製造的在製品。

2. 正在生產工廠返修的不合格品，以及雖已完成了本工廠的生產但尚未報交的產品。

3. 已完成部份加工階段，已由中間倉庫驗收或寄放，但尚未完成全部生產過程的自製半成品。

步驟三　管理流程與要求

1. 在製品規劃。

⑴財務部與各工廠協商確定各工廠及隸屬物流的在製品庫存資金額度。

⑵各工廠根據生產計劃、場地、在製品庫存狀況，結合生產狀況和技術特點，合理制訂各工廠、各生產線、各工序的在製品的數量和種類的計劃。當實際的在製品數量、品種與計劃出現偏差時，應及時分析原因並採取改進措施(或將問題向在製品專項工作小組彙報)。

⑶物流部負責編制半成品零件號。

2. 在製品的投入。

⑴物料倉庫根據生產計劃，按照領料或送料單據上的數量及品種，遵照先進先出的原則發放原材料。

⑵工廠填寫「零件領料單」，到工廠所屬倉庫領用衝壓零件。

⑶各倉庫根據生產計劃和定額，嚴格執行限額發料。

⑷各倉庫管理部門將收發信息輸入電腦系統，做到日清月結。

⑸物料交接時，生產線根據工廠確定的需要清點的品種、清點的方式，清點投入的毛坯、零件或材料的數量，並與領料或送料單據上的數量核對。生產線在領料或送料單據上簽字或簽章，交接雙方完成交割手續，雙方記錄領用情況。

⑥各工廠定期與倉庫核對物料領用記錄，發現問題，由倉庫管理部門及時修正。

3.在製品的產出。

⑴配件銷售見《自製配件交付規定》、《配件銷售定價》、《出口配件定價》。

⑵核心零件交接見《產成品交接管理規定》。

4.在製品的入庫及轉移。

⑴物料搬運、儲存及發運遵循《物料搬運、儲存、發運規定》。

⑵在製品在轉移時，根據規定填寫「報交卡」、「完工轉移單」、「在製品裝箱單」或「內部調撥單」等單據，清點完畢，並及時送至有關部門，相關部門應及時記錄，做到日清月結。

⑶工廠委託倉庫寄放在製品，交接雙方根據規定完成交接手續，編制詳細賬目，並定期檢查在製品存放狀況。

⑷工廠確定在製品在工廠之間或工序之間轉移的交接和記錄方式。

5.在製品台賬維護和盤點。

⑴工廠根據生產的特點及實際需要，設置工廠在製品台賬。裝配工廠可以根據生產的特點和實際情況，確定台賬中在製品的品種。

⑵工廠根據生產的特點和實際情況，制訂《工廠在製品管理工作指導書》。

⑶工廠跟蹤監督系統中在製品數據，發現問題及時向物流部門和財務部反映。

⑷由財務部牽頭各工廠、物流組成在製品專項工作小組，處理系統台賬中在製品賬物問題。

⑸全公司盤點遵循《存貨盤點管理規定》，由物流部門會同財務部共同組織每年進行一次。

⑹財務部根據盤點結果，進行記賬。

6.報廢。在製品工廢、料廢的處理遵循相關規定。

38 成品檢驗管理流程

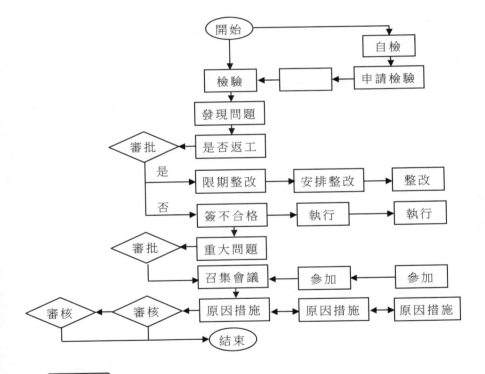

步驟一 檢驗過程

⑴流程

· 產品生產完成後，由生產單位組織自檢

- 生產單位申請對產成品進行檢驗
- 生產部對產成品進行初檢
- 質量部與相關檢驗室、實驗室對產成品進行正式檢驗

(2)重點

- 產成品的三道檢驗過程

(3)標準

- 檢驗及時、準確

步驟二 問題判定

(1)流程

- 質量部在產成品檢驗中發現質量問題
- 質量部研究該質量問題是否可以通過返工使產品達到合格的要求，並寫出處理意見
- 質量部擬寫的處理意見報技術總監審批

(2)重點

- 發現質量問題後，研究是否可以通過返工處理

(3)標準

- 是否可以通過返工處理判定及時、準確

步驟三 可返工品處理

(1)流程

- 質量部下達整改通知和解決措施
- 生產部制定具體措施，經主管審批後，安排進行整改
- 質量問題發生單位進行整改
- 生產單位將整改情況反饋給生產部和質量部
- 生產部和質量部對整改情況進行檢驗

- 技術總監對整改效果進行審批
- 生產部將質量問題填入質量報表
- 質量部將質量問題填入質量報表

(2) 重點
- 不合格品的返工處理

(3) 標準
- 產成品最終達到公司合格品的技術要求

步驟四　不可返工品處理

(1) 流程
- 如產成品屬不可返工產品，則由質量部簽發不合格通知單，下達到生產部和產品生產單位
- 生產部組織執行不合格品處理流程
- 產品生產單位執行不合格品處理流程
- 產品生產單位將不合格品處理情況反饋給生產部和質量部
- 生產部和質量部份別將情況如實填入質量報表

(2) 重點
- 不合格品處理流程的執行

(3) 標準
- 執行及時、準確

步驟五　重大問題處理

(1) 流程
- 品質管制部在產成品檢驗中發現重大質量問題
- 經技術總監審批後，品質管制部部長召集質量委員會臨時會議

- 生產部及質量委員會所有成員參加臨時會議
- 質量委員會臨時會議分析問題產生原因,並制定處理措施
- 制定的處理措施報技術總監審核
- 制定的處理措施報總裁審批
- 品質管制部下發通知,生產部組織相關單位執行處理措施
- 問題處理情況報質量部
- 質量部和生產部份別填寫質量報表
- 質量部編寫產成品質量問題處理報告
- 報告報技術總監審核
- 報告報總裁審批

(2) 重點
- 產成品重大質量問題的處理

(3) 標準
- 重大質量問題得到及時、妥善的處理

心得欄

----

39 不合格品處理流程

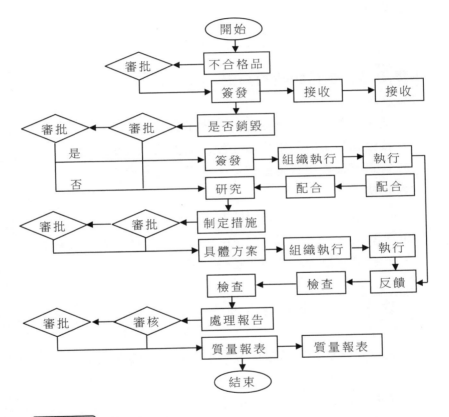

步驟一 不合格品確定

(1)流程

· 質量部在質檢的過程中發現不合格品

· 不合格品報技術總監審批

- 質量部簽發不合格品通知單
- 生產部和相關生產單位接收不合格品通知單

(2)重點

- 不合格品的確定

(3)標準

- 不合格品確定及時、準確

步驟二 是否銷毀的判定

(1)流程

- 質量部判定不合格品是否必須銷毀
- 按公司規定的權限由技術總監或總裁審批是否銷毀
- 質量部根據主管審批意見，下發相關文件

(2)重點

- 不合格品是否需要銷毀的判定

(3)標準

- 不合格品是否銷毀判定及時、準確

步驟三 不合品銷毀處理

(1)流程

- 經主管審批後，質量部簽發不合格品銷毀通知單
- 生產部組織不合格品銷毀的工作
- 相關生產單位銷毀不合格品
- 不合格品銷毀過程中，生產部環保主管做好相關的環保準備
  工作
- 有關單位將銷毀情況報告生產部和質量部
- 不合格品銷毀後，質量部和生產部填寫質量報表

(2)重點

· 不合格品的銷毀

(3)標準

· 不合格品銷毀及時，無環保事故發生

步驟四 制定辦法

(1)流程

· 如不合格品尚有利用價值，經主管審批後，質量部組織研究
處理辦法

· 生產部和相關單位配合質量部研究處理辦法

· 質量部制定不合格品再利用的措施

· 不合格品再利用的措施按公司規定權限，由技術總監或總裁
審批

(2)重點

· 不合格品再利用的措施制定

(3)標準

· 措施制定及時、合理、可行

步驟五 執行措施

(1)流程

· 不合格品再利用措施經主管審批後，質量部編制具體的實施
方案

· 生產部組織有關單位執行不合格品再利用措施和實施方案

· 有關單位執行不合格品再利用措施和實施方案

· 有關單位將執行情況反饋給生產部和質量部

· 生產部對處理結果進行初檢

- 質量部對處理結果進行正式檢驗

(2)重點

- 不合格品再利用的措施落實

(3)標準

- 實施措施及時、全面、徹底

步驟六 不合格品處理報告

(1)流程

- 質量部編寫不合格品處理報告
- 不合格品處理報告報技術總監審核
- 不合格品處理報告報總裁審批
- 質量部填寫質量報表
- 生產部填寫質量報表

(2)重點

- 不合格品處理報告

(3)標準

- 報告及時、全面、真實、客觀

40 企業質量改進流程

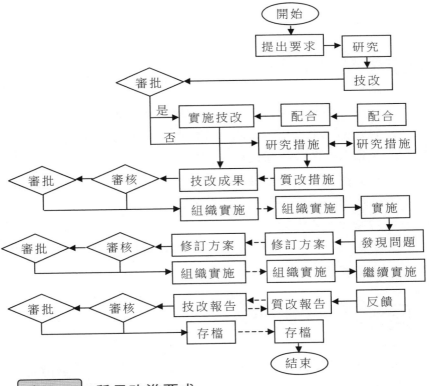

步驟一 質量改進要求

(1) 流程

· 質量部提出質量改進的要求

· 生產部對質量部提出的要求進行分析研究

· 生產部判斷質量改進是否需要進行技術改造，並擬寫相關報

告

· 報告報技術總監和生產總監審批

⑵重點

· 是否需要技術改造的判斷

⑶標準

· 判斷及時、準確

步驟二　實施技術改造

⑴流程

· 如主管審批實施技術改造，由技術部負責進行技改工作

· 質量部、生產部及相關單位配合技術部的技改工作

· 技術部技改成果報技術總監審核

· 技術部技改成果報總裁審批

⑵重點

· 技術改造的實施

⑶標準

· 技術改造按計劃全面完成

步驟三　制定質改措施

⑴流程

· 如主管審批無需進行技改，由質量部研究制定質改措施

· 生產部對質量部制定質改措施進行配合

· 質量改進措施報技術總監審核

· 質量改進措施報總裁審批

⑵重點

· 質量改進措施的制定

(3) 標準

· 質量改進措施制定按計劃全面完成

步驟四　組織實施

(1) 流程

· 技改方案或質量措施經主管審批後，由技術部或質量部組織
生產部和相關生產單位實施

· 生產部和相關生產單位在實施過程中發現問題，向質量部或
技術部彙報

· 技術部修訂技術改造方案，質量部修訂質量改進措施

· 修訂後的技術方案或質量改進措施報技術總監審核

· 修訂後的技術方案或質量改進措施報總裁審批

· 技術部或質量部組織生產部和相關生產單位實施新的技改方
案或質量改進措施

(2) 重點

· 技術改造方案或質量改進措施的執行

(3) 標準

· 執行全面、及時、徹底

步驟五　相關報告

(1) 流程

· 生產部和相關單位將有關執行情況反饋給質量和技術部

· 技術部編寫技術改造實施總結報告

· 質量部編寫質量改進總結報告

· 報告報技術總監審核

· 報告報總裁審批

· 技術部和質量部將相關總結報告存檔
(2)重點
· 技改報告和質量改進報告的編寫
(3)標準
· 編寫及時、全面、真實、客觀

41 5S活動的推行流程

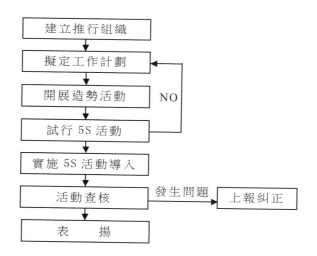

5S 活動在企業中實施並不難，難的是長期堅持，真正成為企業日常經營活動的一部份。要想達到滿意的效果，企業必須大力促進 5S 活動的推行。

步驟一 建立推行組織

成立 5S 推行委員會，設主任委員、副主任委員、幹事、執行秘書、委員及代理委員，各成員必須明確其具體的工作職責。

步驟二 擬定工作計劃

1.日程計劃

一般包括下列內容：

(1)計劃、組織。

(2)宣傳。

(3)大掃除運動。

(4)整理、整頓作戰。

(5)活動導入、實施。

(6)檢討、改善活動。

(7)工作診斷。

(8) (6)—(7)反覆推進。

2.資料的收集

委員會幹事、秘書應收集整理下列資料：

(1)5S 方面的書籍。

(2)推行手冊。

(3)海報標語。

(4)經典案例。

3.制定 5S 活動實施辦法

由 5S 委員會幹事負責草擬，經全體委員討論，由主任委員核准，包括：

(1)活動時間、目的。

(2)必需品與非必需品的區分辦法。

(3)5S 活動評鑑方法。

(4)5S 活動獎懲方法。

步驟三 開展造勢活動

1. 說明與教育

說明和教育的內容包括：

(1)5S 活動目的說明。

(2)全員 5S 訓練。

(3)管理人員 5S 訓練。

(4)委員會人員訓練。

2. 開展宣傳活動

一般有下列的宣傳活動：

(1)5S 內容徵文比賽。

(2)漫畫、壁報比賽。

(3)演講比賽。

(4)標語比賽。

3. 其他造勢活動

(1)觀摩模範廠。

(2)專家的心理建議。

(3)最高主管發表宣言。

步驟四 試行 5S 活動

1. 前期作業準備

(1)分配責任區域。

(2)制訂「需要」和「不需要」物品基準書。

⑶制定基準的說明。

⑷準備道具和方法。

2. 評鑑檢討

⑴制定評分標準表。

⑵由 5S 委員會委員擔任評分員。

⑶考核中見缺點先描述,然後再逐一核對扣分。

⑷評分考核開始時每日一次,一個月作一次匯總。

⑸將缺點項目加以統計,開出整改措施表。

⑹責任部門按期整改並經驗證合格。

步驟五 實施 5S 活動導入及查核

1. 實施 5S 活動導入

①將試行的結果經過檢討修訂,確定正式的實施辦法。

②召集相關人員,公佈正式導入時間及期望。

③由 5S 委員會公佈 5S 活動推行辦法、時間。

④推行委員會召開會議,說明活動方法和相關事項。

⑤各部門依辦法實施全面導入。

2. 活動查核

⑴各部門委員應定期進行自我查核、糾正。

⑵由推行委員會組織或由上級主管指定查核小組,定期或不定期到現場巡查。

⑶發生問題及時糾正,對優秀部門予以表揚。

總之,若想使 5S 活動真正有效地在企業內開展起來,企業的最高管理者必須首先予以重視,並開展一系列的促進活動,使 5S 的觀念和做法深入人心。只有這樣,才能真正發揮 5S 活動的效用,改進企業的管理水準。

42 5S「整理」活動推行流程

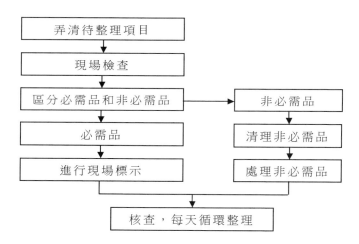

5S 中的「整理」不僅僅是指平常所說的把東西整理好，而更多的意思是指將不要的東西處理掉。通過「整理」，對物品進行區分和歸類，劃分出無用的東西，在此基礎上將多餘的物品從作業現場清除出去。

步驟一 現場檢查

對工作現場進行全面檢查，包括看得見和看不見的地方，特別是不引人注意的地方。如設備的內部、桌子底部、文件櫃的頂部等位置。

步驟二 區分必需品和非必需品

管理必需品和清除非必需品同樣重要。首先要判斷出物品的重要

性，然後根據其使用頻率決定管理方法。如清除非必需品，則應用恰當的方法保管必需品，便於尋找和使用。

1. 必需物品

必需物品是指經常使用的物品，沒有它就必須購入替代品，否則影響正常工作的物品。

2. 非必需品

非必需品它可分為兩種：一種是使用週期較長的物品，另一種是對目前的生產或工作無任何作用的，需要報廢的物品。

步驟三 清理非必需品

清理非必需品，把握的原則是看物品現在有沒有「使用價值」，而不是原來的「購買價值」，同時注意以下幾個著眼點：

(1)在進行整理前，首先考慮為什麼要清理以及如何清理，規定定期進行整理的日期和規則；在整理前要預先明確現場需放置的物品；區分要保留的物品和不需要的物品，並向員工說明保留物品的理由；劃定保留物品安置的地方。

(2)暫時不需要的物品進行整理時，當不能確定今後是否還會有用，這可根據實際情況來決定一個保留期限，先暫時保留一段時間，等過保留期限後，將其清理出現場，進行認真地研究，判斷這些保留的物品是否有保留的價值，並弄清保留的理由和目的。

步驟四 處理非必需品

(1)如果該物品有使用價值，但可能涉及專利或企業商業機密的應按企業具體規定進行處理；如果該物品只是一般廢棄物，在經過分類後可將其出售。

(2)如果該物品沒有使用價值，可根據企業的具體情況進行折價出

售,作為培訓、教育員工的工具。

步驟五 標示現場

整理後的現場一目了然,這對整理來說是最為理想的。它首先取決於標識的明瞭、清楚。

為使整理後的現場直觀醒目,要準備好現場示意圖,清楚地標明各項物品的放置地點,標明物品的適當庫存量、存放位置和取放順序,要能使每個人都準確無誤地取放物品。

可以使用貼有標籤的指示板,用彩色塑膠筆標記;指示板可固定安裝在貨架上或從天花板上懸吊下來並可移動。

步驟六 每天循環整理

整理是個永無止境的過程。現場每天都在變化,昨天的必需品在今天可能是多餘的,今天的需要與明天的需求必有所不同。整理如果偶爾突擊一下,做做樣子的話,就失去了整理的意義。

總之,進行整理活動應分清必需品和非必需品,對整理後的現場進行清楚地標示,這樣才能保障生產安全,消除混料差錯,提高產品質量。

43 5S「整頓」活動推行流程

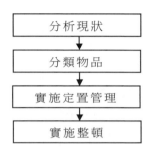

整頓就是將必要的物品以容易找到的方式放置於固定場所，並做好適當的標識，在最大限度內消除尋找的行為。實施整頓可以創造整齊的工作環境，減少過多的積壓物。整頓活動的推行步驟如下：

步驟一 分析現狀

在現場作業時可能會出現取放物品的時間過長的現象，其可能的原因包括：

(1)不知道物品存放在那裏。

(2)不知道要取的物品名稱。

(3)存放地點太遠。

(4)存放地點太分散，需往返多次。

(5)物品太多，難以找到。

(6)不知道是否已用完或別人正在使用。

步驟二　分類物品

根據物品各自的特徵，把具有相同特點/性質的物品劃為一個類別，並制定標準和規範，為物品正確命名、標識。步驟如下：

(1)制定標準和規範。

(2)確定物品的名稱。

(3)標識物品的名稱。

步驟三　實施定置管理

物品的存放通常採用「定置管理」。

定置與隨意放置不同，定置即是對生產現場、人、物進行作業分析和動作研究，使對象物按生產需要、技術要求而科學地固定在場所的特定位置上，以達到物與場所有效地結合，縮短人取物的時間，消除人的重覆動作，促進人與物的有效結合。

定置管理的實施步驟如下：

1. 對現場進行調查，明確管理內容

以推行定置管理的主管人員為主，工廠現場有關人員共同組成調查小組，對現場進行調查，包括：技術設計、材料、設備運轉、運輸路線等內容。

2. 對現場的人一物一場所的結合狀況進行分析

生產現場中眾多的對象物不可能都同人處於直接結合狀態，而絕大多數的物同人處於間接結合狀態。為實現人與物的有效結合，必須借助於資訊媒介的指引、控制與確認。因此，資訊媒介的準確可靠程度直接影響人、物、場所的有效結合。這些資訊媒介包括平面佈置圖、場所標誌和物品名稱等。

標識在人與物、物與場所的作用過程中起著指導、控制、確認的

作用。包括確認標識和引導標識。

3.設計定置管理系統

定置管理系統的內容涉及場所和物的結合狀態。在工廠的生產活動中，人與物的結合狀態是生產有效程度的決定因素。但人與物的結合都是在一定的場所裏進行的。因此，實現人與物的有效結合，必須處理好場所與物的關係，也就是說場所與物的有效結合是人與物有效結合的前提。

步驟四　實施整頓

1.定置工作場所

首先要制定標準比例的定置圖，清楚地標示生產場地、通道、物品存放區，明確各區域的管理責任人，零件、半成品、設備、消防設施、易燃易爆的危險品等均用鮮明直觀的色彩或資訊牌顯示出來。凡與定置要求不符的現場物品，一律清除。

2.定置生產現場各工序、工位、機台

必須要製作各工序、工位、機台的定置圖，安置相應的圖紙文件架、櫃等資料文件的定置硬體，工具、儀錶、機器設備、材料、半成品及各種用具在工序、工位、機臺上停放應有明確的定置要求。附件箱、零件貨架的編號須同零件賬、卡、目錄相一致。

3.定置倉庫

首先要設計庫房定置總圖，按指定地點定置。對那些易燃、易爆、易污染、有儲存期要求的物品，要按要求實行特別定置。有儲存期限要求的物品的定置，在庫存報表上要有對時間期限的特定信號或標誌，庫存帳本應有序號和物品目錄，注意賬物相符。

4.定置檢查現場

首先，要檢查現場的定置圖，並對檢查現場劃分不同的區域，以

不同顏色加以標誌區分。區別待檢查區、良品區、廢品區、返修品區、待處理品區。

待檢查區以白色標誌；良品區用綠色標誌；廢品區或危險警告區以紅色標誌；待處理區以黃色標誌。

總之，通過整頓，可以減少尋找物料而造成的時間損失；並且用固定的、醒目的標識標明不同的場所和物品，可以避免放錯地方和物品混亂。

44 5S「清掃」活動推行流程

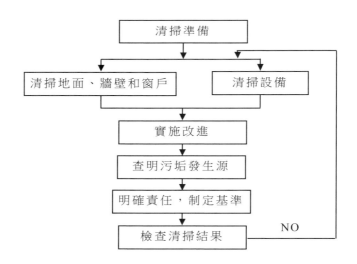

清掃是將工作場所、設備徹底清掃乾淨，使工作場所保持一個乾淨、寬敞、明亮的環境，使不足、缺點凸現出來。其目的是維護生產

安全，減少工業災害，保證品質。

步驟一 清掃準備

1.安全教育

對員工做好清掃安全教育，對可能發生的事故(觸電、掛傷碰傷、滌劑腐蝕、墜落砸傷、灼傷)等不安全因素進行預防和警示。

2.設備常識教育

對設備的老化、出現的故障，可以減少人為劣化因素的方法，減少損失的方法等進行教育。通過學習設備基本構造，瞭解其工作原理，能夠對出現塵垢、漏油、漏氣、震動、異音等狀況的原因進行分析。

3.技術準備

指導及制定相關指導書，明確清掃工具、清掃位置、加油潤滑基本要求、螺釘卸除和緊固的方法及具體順序步驟。

步驟二 清掃地面、牆壁和窗戶

在作業環境的清掃中，地面、牆壁和窗戶的清掃是必不可少的，在清掃時，要探討作業場地的最佳清掃方法。瞭解過去清掃時出現的問題，明確清掃後要達到的目的。清理整頓地面放置的物品，處理不需要的東西。全體人員清掃地面，清除垃圾，將附著塗料和油污等污垢清除，並分析地面、牆壁、窗戶的污垢來源，想辦法杜絕污染源，並改進現有的清掃方法。

步驟三 清掃設備

設備一旦被污染，就容易出現故障，並縮短使用壽命。為了防止這類情況的發生，必須杜絕污染源。因此要定期地進行設備和工具及

其使用方法等方面的檢查，經常細心地進行清掃。

在進行設備清掃時要注意以下內容：

(1)不僅設備本身，其附屬、輔助設備也要清掃。

(2)容易發生跑、冒、滴、漏部位要重點檢查確認。

(3)油管、氣管、空氣壓縮機等看不到的內部結構要特別留心注意。

(4)核查注油口週圍有無污垢和鏽跡。

(5)表面操作部份有無磨損、污垢和異物。

(6)操作部份、旋轉部份和螺絲連接部份有無鬆動和磨損。

通過清掃把污穢、油漬、灰塵、原材料加工剩餘物清除掉，這樣漏油、裂紋、鬆動、變形等設備缺陷就會暴露出來，就可以採取相應的措施加以彌補。

步驟四　實施改進

清掃設備時會發現不少問題，於是對發現的問題要及時處理，可以進行以下改進：

(1)維修或更換難以讀數的儀錶裝置。

(2)添置必要的個人安全防護裝置。

(3)要及時更換絕緣層已老化或損壞的導線。

(4)對需要防銹保護或需潤滑的部位，按規定及時加油保養。

(5)清理堵塞管道。

(6)調查跑、滴、冒、漏的原因，並及時加以處理。

步驟五　查明污垢發生源

即使每天進行清掃，油漬、灰塵和碎屑還是無法杜絕，要徹底解決問題，還須查明污垢的發生源，從根本上解決問題。

為杜絕污染，首先要將窗戶密封，避免灰塵等雜物從外界吹入；

在搬運碎屑和廢棄物時要小心，儘量不要撒落；在運送水和油料等液體時，要準備合適的容器；在作業現場，要檢查各種管道以防止洩漏；對擦試用的棉紗、材料、工具等，要定點放置。

步驟六　明確責任，制定基準

對於清掃，應該進行區域劃分，實行區域責任制，責任到人。制定相關清掃基準，明確清掃對象、方法、重點、週期、使用工具等項目。

步驟七　檢查清掃結果

在清掃結束之後要進行清掃結果的檢查，檢查項目有以下幾個方面：

(1)是否清除了污染源。

(2)是否對地面、窗戶等地方進行了徹底地清掃和破損修補。

(3)是否對機器設備進行了從裏到外的、全面的清洗和打掃。

總之，進行清掃活動可以使工作現場乾淨、整齊，並且對設備的清掃相當於一次點檢過程，既打掃了設備，又對其進行了檢查，避免了設備故障的發生。

45 5S「清潔」活動推行流程

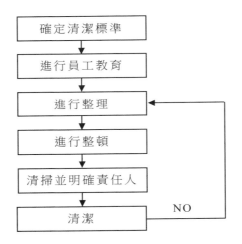

整理、整頓、清掃的最終結果是形成「清潔」的作業環境,必須動員全體員工都參加,都要清楚應該幹些什麼。

步驟一 確定清潔標準

所謂清潔的標準,它包含有三個要素。

(1)乾淨。

(2)高效。

(3)安全。

在開始時,要對「清潔度」進行檢查,制定出詳細的明細檢查表,以明確「清潔的狀態」。

步驟二　進行員工教育

企業必須共同朝著同樣的目標奮鬥。所以，企業必須將 5S 的基本想法向組員和全體員工進行必要的教育和宣傳。如果每個人對清潔的理解不同，可能無法貫徹實施清潔計劃，從而使清潔活動中止。

步驟三　進行整理

經過了必要的教育，實施人員應來到現場，將目前所有的物品整理一遍，並調查它們的使用週期，將這些物品記錄起來。徵求現場作業人員的意見，區分必需品和非必需品。接下來，就應該將非必需品迅速從崗位上撤走。

步驟四　進行整頓

撤走了非必需品，並不是完成任務了。實施人員必須根據實際條件、作業者的作業習慣、作業的要求，合理地規定擺放必需品的位置，使作業者取拿方便，便於運送。

規定了擺放場所，實施人員還要確認一下各種物品的擺放高度、寬度以及數量，然後對這些高度、數量等具體要求製作醒目的標識，方便現場作業人員識別。並將這些規定形成文件，便於日後改善、整體推進和總結，以便於管理。

步驟五　清掃並明確責任人

在整頓結束後，要將作業現場進行清掃，劃分出各個責任區，並確定責任人，以便於管理。

開展清潔活動必須實施透明管理，不要把物品放在密閉的櫃子裏，應拆除那些不透明的金屬板，改為安裝玻璃；實在不行的，也應

該安裝一個透明的檢查視窗。

　　總之，清潔的目的就是維持潔淨的狀態，而為了保持清潔，就要不斷地進行整理、整頓和清掃，這是最基本的 5S 活動，搞好 5S 是從整理、整頓和清掃的 3S 開始的。企業應定期檢查清潔的效果，使作業現場一直處於清潔有序的良好狀態。

46 5S「素養」活動推行流程

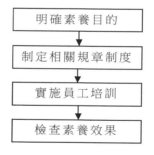

　　素養活動是使員工時刻牢記 5S 規範，自覺地進行整理、整頓、清掃和清潔，使 5S 活動更重於實質，而不是流於形式的各種活動。素養是使員工在言行舉止上都具有良好的習慣，在推行時可按以下步驟進行：

步驟一 明確素養目的

　　企業通過實施素養活動，應營造一個積極向上、富有合作精神的團隊，其目的是：全體員工高標準、嚴要求地維護現場環境整潔和美觀，自願實施整理、整頓、清掃、清潔的 4S 活動，培養遵守規章制

度和具有良好習慣的人才。

素養是 5S 的核心，前面的 4S 活動都應包含在素養之中。

步驟二　制定相關規章制度

規章制度是員工的行為準則，是讓員工達成共識、形成企業文化的基礎。制定相應的《語言禮儀》、《行為禮儀》及《員工守則》等，保證員工達到修養最低限度，並力求提高。

步驟三　實施員工培訓

公司應向每一位員工灌輸遵守規章制度、工作紀律的意識；此外還要創造一個具有良好風氣的工作場所。絕大多數員工對以上要求會付諸行動的話，個別員工和新員工就會拋棄壞的習慣，轉而向好的方面發展。此過程有助於員工養成制定和遵守規章制度的習慣，改變員工的只理會自己、不用理會集體和他人的潛意識，培養對公司、部門及同事的熱情和責任感。

步驟四　檢查素養效果

開展素養活動之後，要對素養活動的各個方面進行檢查，查看效果如何。素養活動的檢查內容包括：

1. 日常活動

(1)企業裏是否已經成立 5S 小組。

(2)全公司是否經常開展有關 5S 活動方面的交流、培訓。

(3)企業主管是否對 5S 很重視，並率先推廣。

(4)全體員工是否都非常明確，實施 5S 對企業和個人的好處，對實施 5S 活動充滿熱情。

2.員工行為規範

(1)是否做到舉止規範。

(2)能否遵守公共場所的規定。

(3)是否做到工作齊心協力，團隊協作。

(4)是否遵守工作時間，不遲到早退。

(5)大家能否友好溝通相處。

3.服裝儀表

(1)是否穿戴規定的工作服上崗；服裝是否乾淨、整潔。

(2)廠牌等是否按規定佩戴整齊。

(3)鞋子是否乾淨。

(4)是否勤修指甲。

(5)是否勤梳理頭髮，面部是否清潔並充滿朝氣。

總之，素養可以持續推動 4S 活動，直至成為全員的習慣；使每位員工嚴守標準，按標準作業；淨化員工心靈，形成溫馨明快的工作氣氛。員工通過對整理、整頓、清掃、清潔、素養的學習和遵守，不僅使自己成為一個有道德修養的公司人，也改變了整個公司的環境面貌。

心得欄 _____

_____

_____

_____

_____

_____

47 採購部門工作流程

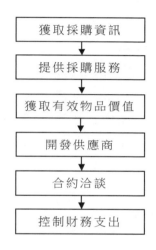

步驟一 獲取採購資訊

採購過程涉及到部門間大量的資訊流動。獲取採購資訊並向各活動部門提供適當的資訊反饋，是採購部門的一個重要職能。採購資訊已滲透到新技術開發、質量控制、運輸、預測、生產安排與產品設計等領域，採購資訊對於企業的規劃與決策起著不可替代的作用。

步驟二 提供採購服務

採購部門是實現公司採購功能的專業部門，提供採購服務是其最基本的職能。其他部門將採購需求提交給採購部門，採購部門必須能夠協調公司內外所有影響採購的因素。

步驟三 獲取有效物品價值

　　採購部門需要協調必要的投入，為企業建立最有效的價值與成本的關係。在採購過程中，任何節約都將對利潤產生直接的影響，然而不能過分強調節約成本，需要綜合考慮時間、質量及數量等其他因素。

步驟四 發展供應商

　　與供應商的合作關係直接影響著企業的競爭地位。買賣雙方傾向於建立長期業務關係，互相依託。美國的許多企業與供應商建立「協作性買賣關係」。這種方法不僅有利於優選供應商，使供應商更加瞭解企業的採購需求，而且，有利於促進企業與優選供應商合作進行產品開發與流程創新。

步驟五 合約洽談

　　為了更加有效地對合約條款進行磋商，企業必須對洽談過程和涉及人員嚴格控制。這種控制一般是通過安排採購部門代表負責與一個或多個供應商洽談的方式實現的。

步驟六 控制財務支出

　　企業的採購活動必須在現金流量反映的支付能力範圍內進行，並對代表企業簽署採購協議的人員進行嚴格的控制。這也說明財務部門與採購部門之間的緊密協作是非常重要的。

48 採購作業管理流程

步驟一 接件分發

⑴請購單各欄填寫是否清楚

⑵按分配原則是分派請購案件

⑶急件優先分派辦法

⑷無法於需用日期辦妥者利用「交貨期聯絡單」通知請購部門

⑸撤銷請購單應先送辦理

步驟二 詢價

⑴交貨期無法配合需要日期時聯絡請購部門

⑵充分瞭解請購材料的品名、規格

⑶急件或需用日期接近者應優先辦理

⑷向廠商詳細說明品名、規格、質量要求、數量、扣款規定、交貨日期、地點、付款辦法

⑸同規格產品有幾家供應商均詢價

⑹是否有其他較有利的代用品或對抗品

⑺應提供同規格，不同廠牌做比較

⑻有必要辦理售後服務及保修年限

⑼新廠商產品是否需檢驗試用

步驟三 比價、議價

⑴廠商的供應能力是否能按期交貨

⑵是否殷實可靠的生產廠或直接供應商

⑶其他經銷商價格是否較低

⑷經成本分析後，設定議價目標

⑸是否有必要向廠商索取記錄比較

⑹價格上漲下跌有何因素

⑺是否有必要開發其他廠商或轉外購

⑻規定幾萬元以下的案件呈副經理議價或設定議價目標

步驟四 呈核

⑴請購單上應詳細註明與廠商議定的買價條件

⑵買賣慣例超標者應註明

⑶現場選購較貴材料時，聯絡請購部門述明原因

⑷按核決權限呈核

步驟五 訂購

⑴需預付定金，內外銷價需辦退稅、或規定多少金額以上或有附加條件等應制定買賣合約

⑵再向廠商確認價格、交貨期、質量條件

⑶分批交貨者在請購單上蓋分批交貨單

⑷請購單寄交廠商，無法需用日期交貨的案件聯絡請購部門

步驟六 催交

⑴約交日期前應再確認交貨期

⑵無法於約交日期前交貨時聯絡請購部門並列入交貨期日常控制表內催辦

⑶已逾約交貨日期尚未交貨者加緊催交

步驟七　整理付款

(1)發票抬頭與內容是否相符

(2)發票金額與請購單價格是否相符

(3)是否有預付款或暫借款

(4)是否需要扣款

(5)需要將退稅的請購單轉告退稅部門

(6)以內銷價採購供外銷用材料，應先收齊退稅同意書

步驟八　收件、分發、核對

(1)收件

(2)按分配原則

(3)核對品名

(4)核對規格

(5)核對數量

(6)核對需要日期

　　採購作業是從收到「請購案件」開始進行分發採購案件，由採購經辦人員先核對請購內容，查閱「廠商資料」、「採購記錄」以及其他有關資料後，開始辦理詢價，在報價後，整理報價資料，擬訂議論方式及各種有利條件，進行議價，辦妥後，核決權限，呈核訂購。

49 月採購管理流程

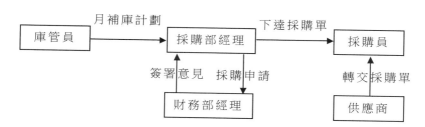

1. 在每月固定日期以前，庫存管理人員根據當月的銷售情況，制定月補庫計劃，並上交給採購部門。

2. 在每個月的固定日期，採購部經理根據庫存管理人員上交的月補庫計劃，編制月採購計劃，填制採購申請單並報財務部批准。

3. 財務部對月採購計劃單進行審核、評估，簽署意見並留存一份後，移交給採購部經理。

4. 採購部經理將採購單下達給採購人員。

5. 採購人員按照規定的程序轉交給供應商。

6. 月採購計劃制定的原則：以銷定進、以進促產，按計劃進貨，用經濟進貨批量指導採購。

50 月採購計劃定程序

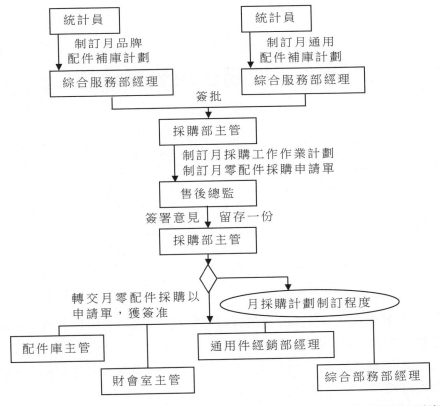

1. 每月 25 日前，通用配件經銷部統計員根據已獲批准的月零配件需求計劃，結合銷售情況，分別制訂本部門下個月零配件補庫計劃。

2. 每月 25 日採購部經理根據各部門月補庫計劃制訂月零配件採購工作作業計劃，填制採購申請單並報售後總監批准。月採購作業計

劃轉配件庫主管、財務室主管、通用配件經銷部經理、綜合服務部經理。

3. 零配件補庫計劃制訂的原則是：以銷定進、勤進快銷、以進促產，按計劃進貨，用經濟進貨指導採購。

51 採購合約管理流程

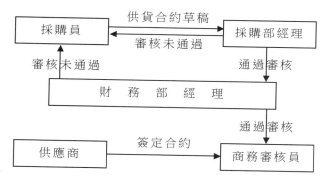

1. 對於貨物的採購合約要進行審核，採購人員必須將供貨合約的草稿，報給採購部經理進行審核。

2. 採購部經理如果認為合約欠妥，則退回業務人員重新擬訂，如果同意簽字、批准後轉交財務部經理審核。

3. 財務部經理如果認為欠妥，仍退回業務人員重新擬訂，如果同意，簽字、批准後可移交給商務審核員簽定正式合約（商務審核員可由財務部經理兼任）。

4. 合約簽定後，供應商按照合約規定送貨，則進入企業的收貨程

序。

5. 企業的購貨合約控制制度：

(1) 合約編號

預先對每份購貨合約進行編號，以確保日後合約能被完整地保存，並能夠在會計上對所有購貨合約進行處理。

(2) 合約檢查

在購貨合約向供應商發出前，必須由專人檢查合約是否得到授權人的簽字，以及是否經採購部門的經理批准，以確定購貨合約的有效性。

(3) 由專人覆查合約的編制過程和內容

包括覆查有關供應商的主要文件資料、價格數量和金額的計算等等。其中價格須同根據過去經驗確定的標準或平均價格相比照，以保證購貨合約的正確性。

(4) 填寫合約一式三份

訂購手續辦完之後，應填寫三份合約，並將第一、二份送採購部門登記，以便讓請購人證實購貨合約的內容是否符合他們的要求，及驗收部門以便他們在收到貨物時，有驗收的標準。

心得欄 _

_ _

_ _

_ _

_ _

_ _

52 採購驗收管理流程

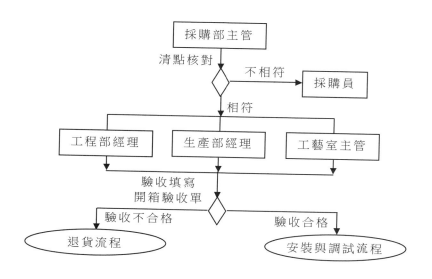

1. 採購貨物抵達後，由採購主管按照貨物採購申請單與合約條款對貨物逐一清點核對，查看是否相符，如不相符，由採購員與供應商取得聯繫並加以解決。

2. 在貨物清點完畢以後，由採購部主管組織如生產部經理、工程部經理、技術室主管等等相關部門負責人，對採購貨物進行驗收。

3. 在驗收過程中，主要是檢查貨物有無破損情況、檢查貨物是否有出廠合格證、使用說明書、裝配圖、安裝圖等等原始資料和技術文件是否齊全。

4. 在驗收完畢後，由採購部主管填寫驗收單，參加驗收的人員進

行簽字，根據情況，如果有不合格的貨物進入「退貨程序」，如果驗收合格，則進入「安裝與調試程序」。

53 採購退貨管理流程

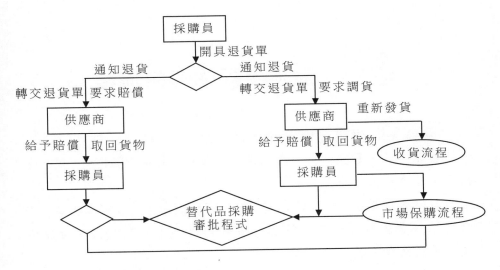

1. 採購員開具退貨單，轉交供應商。

2. 採購人員根據檢驗結果開具退貨單,憑退貨單與供應商交涉退貨、調貨以及賠償事宜,在未解決善後事宜以前,貨物暫時扣留公司。

3. 如供應商被判定不再具備質量信譽,則直接通知其退貨並索賠;如果供應商尚可信任,則通知其進行調貨,採購部經理負責此項判定。

4. 如果通知退貨,則供應商取回不合格的貨物並進行賠償;如果

通知調貨，供應商進行重新供貨。如供應商沒有備貨，則需要及時通知採購員，取回貨物並進行賠償。

5. 如果進行退貨，採購人員需要視情況，重新進行市場採購程序或是進行替代品採購審批程序。

6. 如果重新供貨，則進入企業收貨程序；如果供應商沒有備貨，採購人員視具體情況，重新進行市場採購程序或是進行替代品採購審批程序。

54 供應商評估考核流程

步驟一 供應商資料收集及初評

採購主管主動開發且收集具有合作潛力的廠商相關資料，並記錄於「廠商資料卡」內。

採購經理根據「廠商資料卡」的內容評估其加工或接單能力，並參考以往業績及其在業界的風範等評定是否可列為開發或交易對象，不合格者予以淘汰。

步驟二 索樣及試作訂單

經初評合格後，由採購主管通知供應商送樣或開立試作「訂購單」，呈經理核准後，通知送樣或試作，以利確定其接單能力，同時告知 IQC 主管。

步驟三　品質確認

試作加工後的產品均由 IQC 按「進貨檢驗與試驗控制程序」及「來料檢驗規範」的規定進一步確認產品品質，並做成記錄。

品質不合格由 IQC 部門通知採購部，再通知供應商送樣，重新確認其品質；若仍不合格，則予以淘汰。

步驟四　品質保證能力及生產能力調查

樣品確認合格後，由採購評估小組到供應商生產工廠進行現場調查其品質保證能力，並記錄於「供應商評估表」上，同時對其生產能力進行調查，並記錄於「生產能力調查表」中，以利確定其接單能力。

步驟五　詢議價

採購經理徵詢供應商的報價，採購主管同時收集有關同類產品價格資料，進行比價，有條件者可對供應商產品進行估價，掌握一定資料後，由採購評估小組召集供應商議價，使企業接受的是一個較合理的產品價格。

步驟六　簽訂採購協議

評估及價格合理者，由採購主管與供應商擬定「採購協議書」，再由經理簽名。

步驟七　登錄列管

經採購評估小組評估合格者，由副總經理核准並列入「合格供應商名冊」。

步驟八 供應商供貨情況考核與定期覆核

所有合格供應商每半年覆核一次，覆核時應由採購主管填寫「供應商考核表」，會同採購評估小組進行「價格」、「品質」、「交期交量」及「配合度」的考核，且評定等級呈副總經理核定。

經覆核評定不合格者應由採購經理決定暫停或減少採購或外包數量，並通知該供應商進行改善，或由企業派員進行輔導。

採購部門人員追蹤評估供應商改善成效，成效不佳時視情況要求該供應商於展延期內改善，否則予以淘汰。

覆核合格者，可繼續登錄於「合格供應商名冊」內。

步驟九 記錄維護

覆核或評估供應商的記錄均應由各採購經辦部門按「品質記錄控制程序」的規定加以保存與維護。

55 供應商開發管理流程

步驟一 收集廠商資料

根據材料的分類，收集生產各類物料的廠家，每類產品在 3～5 家，填寫在「廠商基本資料表」上。

步驟二 供應商調查

根據「廠商基本資料表」名單，採購部將「供應商調查表」傳真

至供應商填寫。

步驟三　成立供應商評估小組

由總經理任組長，採購、品管、技術部門經理組成評估小組。

步驟四　調查評估

根據反饋的調查表，將供應商按規模、生產能力等基本指標進行分類，按 ABC 物料採購金額的大小，由評估小組選派人員以「供應商調查表」所列標準進行實地調查。

所調查項目如實填報於調查表上，然後由評估小組進行綜合評估，將合格廠商分類按順序統計記錄。

步驟五　送樣或小批量試驗

調查合格的廠商可通知其送樣或小批量採購，送樣檢驗或試驗合格者即可正式列為「合格供應商名冊」，未合格者可列為候補序列。

從合格供應商中採購，財務付款時也應審核名單，非合格供應商者應向上級呈報。

步驟六　比價議價

對送樣或小批量合格的材料評定品質等級，並進行比價和議價，確定一個最優的性價比。

步驟七　供應商輔導

列入「合格供應商名冊」的供應商，企業應給予管理、技術、品管上的輔導。

步驟八 追蹤考核

每月對供應商的交期、交量、品質、售後服務等項目進行統計，並繪製成圖表。

每個季或半年進行綜合考核評分一次，按評分等級分成優秀、良好、一般、較差幾個等級。

步驟九 供應商篩選

對於較差的供應商，應予以淘汰，將其列入候補名單，重新評估。

對於一般的供應商，應減少採購量，並重點加以輔導。

對於優秀的供應商，應加大採購量。

56 採購議價流程

步驟一 對供應商進行篩選

成立評選小組，決定評審項目後，再將合格廠商加以分類、分級。

步驟二 編制底價與預算

議價之前，採購人員應先確立擬購物品的規格與等級，並就財務負擔能力加以考慮，定出打算支付給供應商的最高價格，以便在議價之時能對「討價」加以適當的「還價」。

步驟三　提供成本分析表或報價單

應請供應商提供報價單，以便詳細核對內容，將來擬購項目若有增減，也可據之重新核算價格；而交貨時，也應定有客觀的驗收標準。

對於巨額的訂制物品或工程，另請供應廠商提供詳細的成本分析表，以瞭解報價是否合理。

步驟四　審查、比較報價內容

在議價之前，採購人員應審查報價單的內容有無錯誤，避免造成將來交貨的紛爭。

將不同供應商的報價基礎統一，以免發生不公平的現象。

步驟五　瞭解優惠條件

有時供應商對長期交易的客戶會提供數量折扣。

對於能以現金支付的貨款，會給予現金折扣。

對於整批機器的訂購，附贈備用零件或免費安裝。

步驟六　議定最終價格

依各供應廠商的報價單，找出總價最低者，與該供應商進行商談，議定最終價格。

步驟七　簽訂採購合約

與合作供應商簽訂採購合約。

57 國內採購作業流程

步驟一 採購價格的確立

採購人員接「請購單（內購）」後應按請購事項的緩急，並參考市場行情、過去採購記錄或廠方提供的報價，精選三家以上供應商進行價格對比。

如果報價規格與請購單位的要求略有不同或屬代用品，採購人員應檢附有關資料並於「請購單」上予以註明，報經主管核發，並轉使用部門或請購部門簽註意見。

屬於慣例超交者（例如最低採購量超過請購量），採購人員應在議價後，在請購單「詢價記錄」欄中註明，報主管核簽。

對於廠商報價資料，經辦人員應深入整理分析，並以電話等方式向廠方議價。

採購部門接到請購部門緊急採購口頭要求，主管應即指定經辦人員先做詢價、議價，待接到請購單後，按一般採購程序優先辦理。

步驟二 採購的呈批

詢價完成後採購經辦人員應在「請購單」詳填詢價或議價結果，擬定「訂購廠商」、「交貨期限」與「報價有效期限」，經主管核批，並按採購審批權限呈批。

步驟三 訂購

採購經辦人員接到已經審批的「請購單」後，應向廠方寄發「訂

購單」，並以電話確定交貨日期，要求供應方在「送貨單」上註明「請購單編號」及「包裝方式」。

分批交貨時，採購人員應在「請購單」上加蓋「分批交貨」章，以利識別。

採購人員使用暫借款採購時，應在「請購單」加蓋「暫借款採購」章，以利識別。

步驟四　採購進度控制

國內採購部門可分詢價、訂購、交貨三個階段，依靠「採購進度控制表」控制採購作業進度。

採購人員未能按既定進度完成採購時，應填制「採購交貨延遲情況表」，並註明「異常原因」及「預定完成日期」，經主管批示後轉送請購部門，與請購部門共同擬定處理對策。

步驟五　單據整理及付款

來貨收到以後，物管部門應將「請購單」連同「材料檢驗報告表」（其免填「材料檢驗報告表」部份，應於收料單上加蓋「免填材料檢驗報告表」章）送採購部門與發票核對。確認無誤後，送財務部門；財務部門應於結賬前，辦妥付款手續。如為分批收料，「請購單（內購）」中的會計聯須於第一批收料後送財務部門。

內購材料須待試車檢驗者，其訂有合約部份，按合約規定辦理付款，未訂合約部份，按採購部門報批的付款條件整理付款。

短交待補足者，請購部門應依照實收數量，進行整理付款。

58 國外採購作業流程

步驟一 價格的確立

外購部門按照「請購單（外購）」需求急緩加以整理，依據供應商報價，並參考市場行情及過去詢價記錄，以電話（傳真）方式向三家以上供應商詢價。特殊情況（例如獨家製造或代理等原因）除外，但應於「請購單（外購）」上註明。在此基礎上進行比價、分析、議價。

請購材料規範較複雜時，外購部門應附上各供應商所報的材料主要規範並簽註意見，再轉請購部門確認。

步驟二 採購的呈批

比、議價完成後，由外購部門填具「請購單（外購）」，擬定「訂購廠家」、「預定裝運日期」等，連同廠方報價，送請購部門按採購審批程序報批。

核准權限。企業可根據自己內部規定金額，由相關人員核准。

採購項目經審批後又發生採購數量、金額等變更，請購部門須按新的情況所要求程序重新報批。但若更改後的審批權限低於原審批權限時，仍按原程序報批。

步驟三 訂購活動的實施

「請購單（外購）」經報批轉回外購部門後，即向供應商訂購並辦理各項手續。

如需與供應商簽訂長期合約，外購部門應將簽呈和代擬的長期合

約書，按採購審批程序報批後辦理。

步驟四 採購進度的控制

外購部門依照「請購單（外購）」及「採購控制表」控制外購作業進度。

外購部門在每一作業進度延遲時，應主動開具「進度異常反應單」記明異常原因及處理對策，憑以修訂進度並通知請購部門。

外購部門一旦發現外購「裝船日期」有延誤時，即應主動與供應商聯繫催交，並開立「進度異常反應單」記明異常原因及處理對策，及時通知請購部門，並按請購部門意見辦理。

59 供應商初選流程

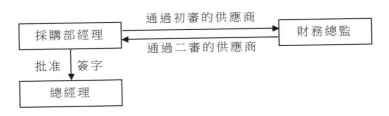

1. 採購部經理按照供應商評審標準和記錄對供應商進行評審，對不符合標準的供應商要求整改，供應商必須在規定的時間內將整改報告交與採購部經理，如仍不合格則取消供應商的供貨資格。

2. 採購部經理將評審合格的供應商資料彙報給財務總監，財務總監對資料進行再次評審，然後再將資料下達給採購部經理。

3. 採購部經理將二次評審的供應商資料送報給總經理,經總經理批准、簽字以後再交與採購部經理,然後進行供應商控制程序。

4. 如供應商是代理商,可直接簽定質量保證協定,代理商應盡快提供證實其經銷產品的質量保證能力的資料。

5. 供應商評審標準:

(1)任何合格的供應商必須具有良好的運作流程、規範的行為準則制度。

(2)供應商應遵守公司制定的供應商的行為準則。

(3)供應商必須遵守供應合約條款,按照規定的數量、質量、貨期及市場上的優惠價格供貨。

(4)在日常的供應過程中,供應商應該使用正確的方法保證貨物的供應,禁止使用不正當手段。

(5)供應商應具備良好的售後服務意識。

(6)供應商應具備良好的質量改進意識。

(7)供應商應具備良好的供應風險意識。

(8)供應商應具備良好的人際溝通能力。

(9)供應商應與公司簽定保密協議。

60 供應商初審流程

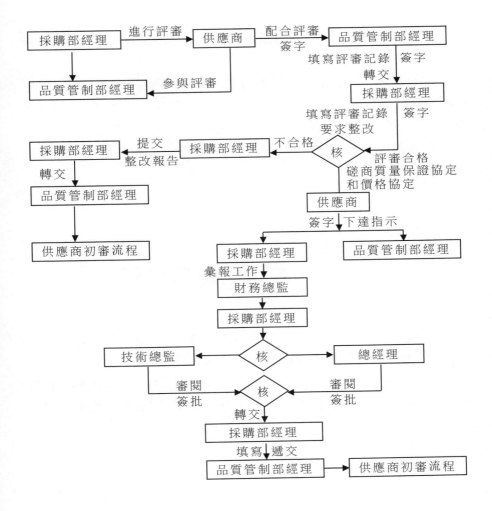

1. 採購部經理會同品質管制部經理按照供應商評審記錄對供應商進行評審,對每項得分少於 2 分或總分少於 70 分的供應商要求整改,供應商必須在 15 天內將整改報告交與採購部經理,由其轉交質量保證部經理重新進行質量評審,如仍不合格則取消供應商的供貨資格。

2. 如供應商是代理商,可直接簽訂質量保證協定和價格協定。代理商應儘量提供證實其經銷產品的質量保證能力資料。

3. 質量保證協議中規定供應商應提供自檢報告、合格證明、供應商配合驗證保證準時供貨等內容;價格協議中規定供貨價格。質量保證協定由品質管制部負責簽訂,價格協議由採購部負責簽訂。

4. 關鍵物資報總經理批准,重要物資和一般物資報技術總監批准。

61 供應商選點流程

1. 候選供應商的時機:原有的供應商被撤點;開發新產品和技術改進需用新物資;新供應商的物品更加物美價廉。

2. 在供應商選點流程中,要貫徹擇優選點的原則,對供應商進行質量保證能力評定,並對供應商實行動態控制,以確保原材料和零件的質量。

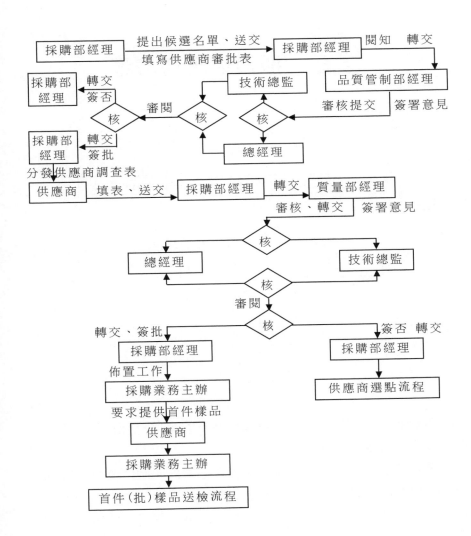

62 撤換供應商流程

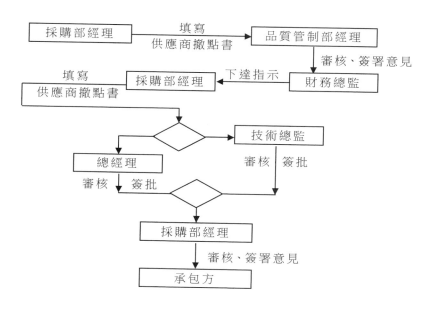

    1. 總經理負責對關鍵物資供應商撤點的審批，技術總監負責對一般物資供應商撤點的審批。

    2. 採購部經理提交的供應商撤點書必須註明撤銷理由。理由不充分，則撤銷提案無效。

    3. 品質管制部經理的決策主要決定於供應商質量檔案。供應商質量檔案需要按照供應商名稱、地址、進貨日期、物資名稱、產地等明細科目詳細記錄。

63 物料供應管理流程

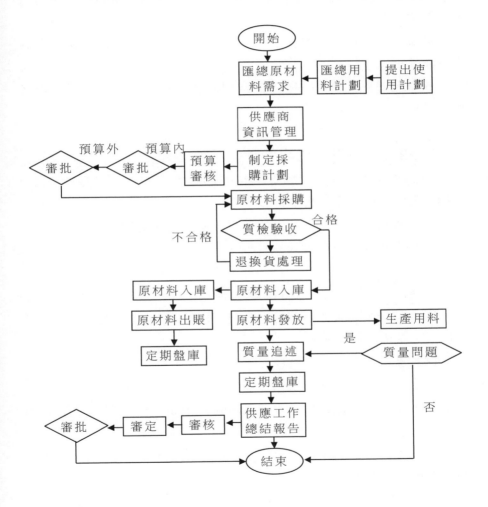

步驟一　匯總原材料需求

(1)由生產部匯總工廠生產使用材料的需求，報送儲運公司。

(2)儲運公司供應科根據庫存情況，確定需要採購的原材料的品種、規格和數量。

(3)如果有新的原材料需求，供應科應先進行市場調研，提供多個供應商備選。

(4)任務重點：匯總原材料需求，核對庫存，確定採購品種、規格和數量。

步驟二　供應商資訊管理

(1)儲運公司應建立供應商資訊數據庫，包括供應商的地理位置、價格、質量、信用和售後服務等。

(2)根據需要和可能，隨時更新供應商資訊數據庫。

(3)任務重點：供應商資訊管理。

步驟三　制定原材料採購計劃

(1)由儲運公司供應科制定原材料採購計劃，並運載其中的價格變化原因，做出詳細說明。

(2)報財務部進行預算審核。

(3)如果採購計劃在成本預算範圍內，報市場總監審批。

(4)如果採購計劃超出成本預算範圍，退回生產部，重新修訂用料計劃。

(5)如查修改後的用料採購計劃，仍然超出成本預算範圍，經過財務部審核後，上報公司總裁審批。

(6)任務重點：制定《原材料採購計劃》。

步驟四 原材料採購

(1)《原材料採購計劃》批准後，由儲運公司供應科制定採購手續、採購原材料。

(2)任務重點：原材料採購。

步驟五 原材料質檢驗收

(1)由儲運公司供應科組織，品質管制部（或工廠技術質量科）負責對原材料進行質量檢驗。

(2)對不合格的原材料進行退、換貨處理；對合格的原材料辦理入庫手續。

(3)任務重點：原材料質量檢驗。

步驟六 原材料入庫

(1)儲運公司將質量檢驗合格的原材料入庫，原材料的入庫單報送財務部入賬。

(2)任務重點：原材料入庫

步驟七 原材料發放

(1)原材料出庫單報送財務部出賬。

(2)生產中若發現原材料有質量問題，由供應科負責進行質量追述處理。

(3)任務重點：按需求計劃，領用原材料（限額領料）。

步驟八 定期盤庫

(1)儲運公司定期對庫存原材料進行盤點，財務部給予配合。

(2)任務重點:核查原材料庫存情況。

> 步驟九　供應工作總結報告

(1)儲運公司對原材料採購和庫存等供應工作進行總結,擬寫《採購總結報告》。

(2)報財務部審核。

(3)報市場總監審定

(4)呈報公司總裁審批。

(5)任務重點:物質供應工作總結。

64 物料需求量制定流程

計算物料需求量,是編制物料供應計劃的重要環節,是企業物料供應的重要依據。

> 步驟一　計算主要原材料需求量

主要原材料的需求量是與產品的產量有直接聯繫的,是企業需要計算的重要內容,它們大多有消耗定額,其計算公式如下:

某種主要原村料需求量=(計劃產量+技術上不可避免的廢品數量)

×技術消耗定額-計劃回用廢品數量

> 步驟二　計算輔助材料需求量

輔助材料的需求量,一般是按照它的各種用途分別計算的。有的

輔助材料有消耗定額，其計算公式是：

某種輔助材料的需求量＝（計劃產量＋廢品量）

×某種輔助材料的消耗定額

有的輔助材料沒有消耗定額，其需求量可根據企業情況來計算，如使用產值同輔助材料的需求量的比例來估算。

步驟三　計算動力需求量

1.計算電力需求量

企業用電主要有技術用電和照明用電等，不同用途的電力，其計算方法也不同。技術用電需求量，通常是按計劃產量和電力消耗定額直接計算的。照明用電需求量，一般是按燈頭數、照明時間、燈光強度等因素來計算。

2.計算燃料需求量

工業企業需要的燃料，主要用於技術過程、生產動力、運輸等方面。燃料需求量一般根據消耗定額直接計算。技術過程用燃料的計算公式為：

$$實際品種的燃料需求量 = 計劃產量 \times \frac{標準燃料消耗定額}{發熱量換算係數}$$

步驟四　計算工具需求量

在大批量生產中，可按計劃產品數量和工具消耗定額來計算工具需求量；在成批生產條件下，可按設備的計劃工作時/台數和設備每一時/台的工具消耗定額來計算；在單件小批的生產條件下，一般採用每千元產值的工具消耗來計算。

步驟五 計算設備維修用料需求量

設備維修用料需求量，一般是根據設備維修計劃中規定的各級維修單位總數以及每一個維修單位的物資消耗定額來計算的，每個維修單位材料平均消耗量的計算公式如下：

$$\frac{每個維修單位}{材料平均消耗量} = \frac{維修該類設備用料的全年消耗總量}{該類設備的全年維修單位總數}$$

步驟六 選擇計算方法

不同種類、不同用途的物料，需求量的計算方法也不同，一般可採用定額計算法和間接計算法兩種。

1. 定額計算法

定額計算法又稱直接計算法，是用生產計劃規定的產量乘以某物料的消耗定額，便得到該種物料的需求量。如主要原材料、燃料的需求量可採用定額計算法。

2. 間接計算法

當物料沒有確定的消耗定額時，可按照一定比例來估算該物料的需求量。如沒有消耗定額的輔助物料可採用間接計算法。

65 物料消耗定額流程

　　物料是企業現場生產的來源和對象，企業應該明確物料既要保證供應，又不能造成浪費。先進合理的物料消耗定額是保證企業盈利的前提條件之一。

步驟一　制定主要原材料消耗定額

　　主要原材料是指直接構成基本產品實體的物料，其消耗定額是按單位產品和零件制定的。為正確制定原材料消耗定額，首先要分析原材料消耗的構成。原材料的消耗構成一般包括三個部份：

　　1.基本消耗

　　基本消耗是指構成產品零件淨重的物料消耗，是保證產品達到規定的功能和技術要求所必需的消耗。

　　2.技術性消耗

　　技術性消耗指產品或零件在加工過程中產生的消耗。

　　3.非技術性消耗

　　非技術性消耗包括由於供應條件的限制所造成的消耗和其他不正常的消耗。物料消耗定額主要是基本消耗和技術性消耗之和，而非技術性消耗和非正常的損耗，一般都不應計算在物料消耗定額中，因為有些損耗並不是直接與生產的損耗有關。還有些損耗雖然與生產有關，但是，為了減少非技術損耗，促進物料管理水準的提高，這部份損耗通常都不計入物料消耗定額之內。考慮到物料管理水準和一部份非技術性損耗難以避免的實際情況，應當在物料消耗定額的基礎上，

按一定比例計入到物料供應定額之內。其計算公式如下：

單位產品原材料技術消耗定額＝單位產品的淨重＋各種技術性消耗總和

物料供應定額是企業計算物料總需求量，是進行對外採購的依據，其計算公式如下：

單位產品原材料供應定額＝技術消耗定額×（1＋材料供應係數）

在計算消耗定額的基礎上，按一定的比例加入一部份損耗量，該比例係數即為材料供應係數。

步驟二　制定燃料消耗定額

燃料消耗定額的制定，可根據燃料的使用情況，分為多類：

技術用燃料消耗定額，一般是按產品(或零件和毛坯)重量來計算消耗定額。

動力用燃料消耗定額，一般是以發一度電或壓縮一立方米空氣所需燃料為標準制定。企業可按照自身的生產用途情況分別制定燃料消耗定額。

由於燃料的種類和質量的差異，它們的發熱量各有不同。因此，為了便於進行定額計算，消耗定額均以標準燃料來計算(每公斤標準燃料發熱量為 7000 大卡)。具體燃料使用量折合成標準燃料時，其計算公式為：

$$\frac{標準燃料}{使用量} = \frac{某種燃料}{使用量} \times \frac{某種燃料每公斤發熱量(大卡)}{7000(大卡)}$$

步驟三 選擇制定方法

1.統計分析法

統計分析法是通過分析以往同類產品物料消耗的統計資料，結合當前產品的特點和技術條件的變化，經過類比來制定物料消耗定額。在還未完成產品設計，需要申報物料需求量時，可以用這種方法作粗略估計。運用此方法較簡單，但不夠精確。

2.技術分析法

技術分析法是依據技術圖紙和技術卡片等主要技術文件，以相應的技術措施為基礎，通過科學分析和技術計算，最後確定最合理的物料消耗定額。採用這種方法之前，必須深入地分析產品圖紙、技術文件和實際生產條件，找出目前生產中存在的物料消耗不合理的原因和問題，再汲取先進技術經驗和選用方法，結合本企業的條件和可能，制定出既先進又切實可行的物料消耗定額。

這種方法準確、科學、可靠，但是計算工作量較大，對技術文件和資料的完整、詳細程度要求較高。它主要適用於產品已定型、產量較大、技術資料較全的生產企業。

合理的物料消耗定額可以保證現場生產的需要和現場生產的連續性，又避免了不必要的浪費。所以企業在制定物料消耗定額時要結合自身產品特點，準確地制定定額。

制定物料消耗定額要做好以下流程步驟：

· 制定主要原材料消耗定額

· 制定燃料消耗定額

· 選擇制定方法

66 委外加工流程

步驟一 選擇合作對象

應採取平日積累和集中寄發問卷等方式，調查潛在合作對象的經營範圍、生產能力、產品特點、質量等級、管理水準、效益等，以建立合作檔案，供選擇合作對象之用。問卷調查可採用「合作企業徵詢調查表」進行。

企業外聯人員應每年對在檔企業覆查一次以瞭解其動態，並據此更正原有資料內容。

每批合作產品、項目結束後，將合作企業合作狀況評價補記於合作檔案，以備日後選擇合作對象查閱。

步驟二 委外加工申報

1.試驗申報

外聯人員依據產品設計人員所填制「零件開發通報表」、「新開發零件進度報告」及設計圖，詳細審核規劃外制零配件資料是否齊全、清晰，並立即開立「托外加工申請單」，呈報總經理核准，第一聯送財務部門，第二聯自存，第三、四聯送物管部門。待試製品合格收料後，第三聯附發票、收料單送財務部門整理付款。

2.中試申報

待小量試驗完成，經確認正常並送交工程設計人員後，外聯人員即申報進行第二階段中試，其手續同「試驗申報」。

在試驗與中試過程中，應隨時對產品外觀、性能做出改進，但所

有改進須按「試驗申報」規定的程序辦理。涉及模具的重新開發時，應與合作企業共商費用支出問題。

步驟三　詢價

外聯人員提出「托外加工申請單」前，應根據需要日期及合作企業資料進行詢價，詢價對象原則上不得少於三家，同時應提供估價，填寫「外包零件模具估價單」及「估價分析表」。

經辦人員審核「估價明細表」後，在確保質量與交期的前提下循議價、比價方式將詢價記錄填寫於「托外加工申請單」呈主管核准。外聯人員將承制企業、托工費用及約定交期記載於「托外加工控制表」，據以控制交期。

在工程設計部門或製造部門的時間要求比較緊急的情況下，外聯人員可以參考以往類似產品的托工價格，省略議價、比價手續，直接指定可靠企業先行加工作業。但事後需補辦「托工申請單」及簽訂合約等手續。

步驟四　托工變更

如果在托工詢價經核准後，需變更托工內容或承制廠商，承辦部門可填報「托工內容變更申請表」一式四聯，註明變更原因及新合作企業呈主管核准。其中第一聯送財務部門，第二聯送物管部門，第三聯在辦理付款與發票時一併附出，第四聯自存。

變更內容應轉記於「托外加工控制表」，據以跟催進度。

步驟五　簽約

詢價完成後，外聯人員即應與合作企業簽訂「外製品製作進度追蹤表」一式二聯，一聯自存，一聯送合作企業憑以控制進度，同時訂

立「模具開發及產品製作委託協議書」。

「模具開發及產品製作委託協議書」一式三份，經雙方主管核准並簽署後，一份送合作企業，一份送財務部門，一份自存。

合作企業若有違約行為並給企業造成損失時，外聯人員應即書面報告主管，並提出糾正辦法和賠償意見，最終由總經理簽署意見。

步驟六　質檢

合作企業應依據委託方所提供的正式工程圖或樣品，先行檢查通過並填具「檢查記錄表」。然後，連同零配件(註明零配件名稱、數量、廠商)一併送交物管部門及外聯人員登記，再轉交產品設計人員檢驗。

產品設計人員接到樣品後，應按原工程圖要求檢查其規格與物性。

檢驗合格者即填寫「檢查記錄表」連同試樣送交外聯人員轉記於「托外加工控制表」結案，再連同「檢查記錄表」送物管部門辦理入庫等待試裝。

檢驗不合格的零配件，應由產品設計人員於「檢查記錄表」內註明不合格原因，送回外聯人員轉記於「托工進度表」內。並繼續督促合作企業及早完成。

步驟七　付款

托外加工零配件經檢驗合格辦理入庫後，外聯人員應將「托工申請單」第三聯、「收料單」第一聯及發票經核對無誤後，轉財務部門審查並辦理付款。

若需由企業支付模具費用，則另由合作企業提供模具、機具照片各一幅貼於「模具履歷表」內，並連同發票一併送交企業，並列入資產管理。

> 步驟八 模具管理

按照固定資產管理辦法，凡經本企業支付模具費的模具均應按編號列賬管理。每一模具製作一張「固定資產登記卡」備查。

因托工零配件品質與交貨期等原因而需將模具在本企業與新舊合作對象之間移送時，應按出入廠管理辦法填寫「物品出入廠憑單」，同時應將異動情況詳細記載於「固定資產登記卡」內。模具若因產品停止生產、制程變更、設備更新等原因而閒置，外聯人員應填寫「閒置固定資產處理表」，報告模具閒置原因並提出處理意見，呈總經理核准後照辦。

> 步驟九 中試總結

中試樣品經工程設計人員認可後，外聯人員負責收集所有技術資料，包括產品零件表、零件圖、組合圖、標準規格及用料清單、零件生產流程圖及說明書、制程能力分析、生產能力設定資料、樣品及各項操作、質量基準等。同時，召集技術研討會，總結中試期間發生的各項修正與變化，並詳細記錄。

> 步驟十 批量托工

外聯人員在接到批量生產的通知後，即應適當安排各項外制零配件的交貨進度，並進行詢價作業，如價格與對象不變則不必再填「托工申請單」，而直接填寫「訂購單」，單價欄註明按原托工單價辦理。

由企業提供原物料者，由生產部門提出申請核准後，原料、半成品與「托工出廠單」一同交付對方。「托工出廠單」一式四聯，第一聯自存，第二聯存財務部門，第三、四聯送對方廠商，第四聯由廠商簽回。加工完成並經檢驗合格後，由物管部門填寫「托工收料單」一

式四聯，第二聯送財務部門，第一、三聯自存，待收到發票後，連第一聯整理付款，第四聯送對方廠商。

67 倉儲管理流程工作標準

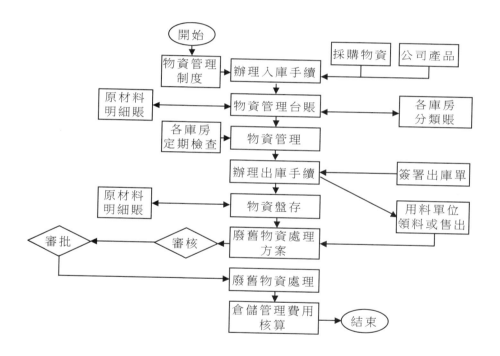

步驟一 採購物資入庫

(1)流程

・供應部負責物資管理制度的實施（1 個工作日）

- 物資倉庫將採購物資及時入庫,同時按公司有關規定辦理入庫手續(3 個工作日)
- 各生產單位將產成品及時入庫,同時按公司有關規定辦理入庫手續

(2) 重點
- 物資驗證手續齊全,符合入庫流程要求

(3) 標準
- 辦理入庫單,按要求簽字

步驟二　物資賬務管理

(1) 流程
- 物資倉庫對所有入庫物資一律建賬(1 個工作日內)
- 物資管理台賬應與財務賬目相對應,做到賬賬相符(1 個工作日內)
- 物資倉庫對公司其他部位的倉庫統一管理,做到賬物、賬卡相符(1 個工作日內)

(2) 重點
- 日清月結

(3) 標準
- 日清月結

步驟三　倉庫管理

(1) 流程
- 供應部負責對倉庫管理狀況定期進行檢查(1 個工作日內)
- 按倉庫管理制度的要求,物資倉庫做好各庫房的防火、防盜、防水、防潮等工作,避免物資存貯損失(1 個工作日內)

(2)重點

· 落實倉庫管理制度

(3)標準

· 物資管理損失率達到目標要求

步驟四　辦理領料出庫手續

(1)流程

· 物資倉庫各庫房嚴格執行出庫手續(即時)

· 產品出庫,需銷售部管理人員簽字的出庫單(即時)

· 各生產單位領用物資出庫,需按公司管理權限的規定,由相關主管簽字的領料單(即時)

· 各生產單位按計劃領用(週期)

(2)重點

· 降低消耗,節約開支

(3)標準

· 有消耗定額的指標,應完成指標規定的消耗定額

步驟五　物資盤存

(1)流程

· 物資倉庫定期與財務部對物資進行盤存,務必做到賬賬、賬物相符(3個工作日內)

· 及時處理盤存過程中出現的問題(2個工作日內)

(2)重點

· 分階段盤存,並對各庫房進行考核

(3)標準

· 盤存結果應符合物資管理制度的規定

步驟六　廢舊物資處理

(1)流程

- 物資倉庫定期將盤存的廢舊物資匯總，連同處理方案上報供應
  部和生產總監（3 個工作日內）
- 物資倉庫按生產總監和供應部部長的批示，合理處理廢舊物資
  （即時）

(2)重點

- 界定和區分那些是廢舊物資

(3)標準

- 廢舊物資處理賬目

步驟七　倉儲費用核算

(1)流程

- 物資倉庫制定相應措施，努力降低物資管理成本，提高倉庫利
  用率，完成倉儲物資費用指標（即時）

(2)重點

- 分階段考核物資管理費用指標

(3)標準

- 考核結果應符合目標要求

68 庫存量控制流程工作標準

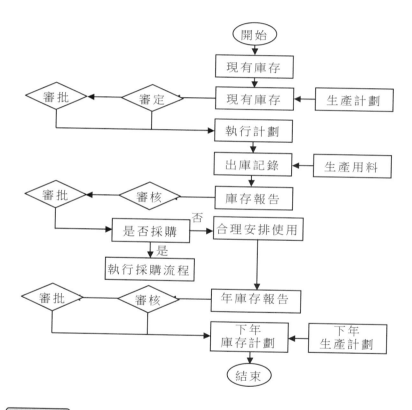

步驟一 庫存計劃

(1)流程

- 物資倉庫定期對庫存量進行檢查(每月一次)

- 物資倉庫根據生產計劃,編制庫存量計劃(3個工作日內)

- 庫存計劃報供應部審核（1 個工作日內）
- 庫存計劃報生產總監審批（1 個工作日內）

(2) 重點
- 庫存計劃的編制

(3) 標準
- 庫存計劃編制及時、合理

步驟二　庫存報告

(1) 流程
- 庫存計劃經審批後，物資倉庫執行
- 生產單位生產過程中用料（隨時）
- 物資倉庫及時掌握原料物資消耗情況（隨時）
- 物資倉庫定期編寫物資庫存報告（每季一次）
- 庫存報告報供應部審核（1 個工作日內）
- 庫存報告報生產總監審批（1 個工作日內）

(2) 重點
- 編寫庫存報告

(3) 標準
- 庫存報告編寫及時、全面

步驟三　是否採購物資

(1) 流程
- 供應部根據庫存報告情況，判斷是否採購新的原料物資（2 個工作日內）
- 供應部編寫原料物資需求計劃（2 個工作日內）
- 原料物資需求計劃報生產總監審批（1 個工作日內）

- 如需採購新的原料物資，供應部執行相關物資採購流程（按計劃進行）
- 如無需採購新的原料物資，物資倉庫合理安排原料的使用（按計劃進行）

(2)重點
- 是否採購物資的判斷

(3)標準
- 判斷及時、準確

步驟四　年庫存報告

(1)流程
- 每年年終，物資倉庫編寫年物資庫存報告（3 個工作日內）
- 年物資庫存報告報供應部審核（1 個工作日內）
- 年物資庫存報告報生產總監審批（1 個工作日內）
- 物資倉庫依據審批意見和下年生產部生產計劃，編制下年公司庫存計劃（3 個工作日內）

(2)重點
- 編寫年庫存報告

(3)標準
- 年庫存報告編寫及時、全面、真實、客觀

69 物料收貨控制流程

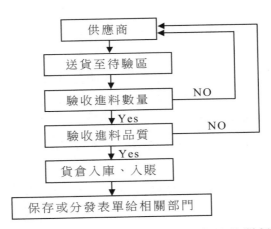

生產物料是生產作業的加工對象，它是產品品質保證的核心。企業在外購物料收貨時，必須進行嚴格的控制。

步驟一　供應商送貨

(1)供應商送貨車到廠區後，應及時將《送貨單》呈交至物控部收料組處，由收料組人員安排在指定的待驗區，若是生產急料，收料組人員可將料先收到生產備料區。

(2)貨卸至指定待驗後，收料組人員將大件箱數與《送貨單》核對，無誤後開出《進料驗收單》與《送貨單》一起呈交至相關貨倉。

步驟二　驗收進料數量

(1)貨倉管理員收到單後，即著手核對《送貨單》與《訂購單》是

否有誤，如果有誤，即通知採購部門確認是何種原因搞錯，直至更正無誤為止。

⑵貨倉管理人員安排人員再核對一次大件箱數是否有誤，再按5%～15%比例抽查單位包裝。單位包裝內若出現包裝不足現象，應與供應商送貨人員一起確認，再加大比例抽樣。

⑶加大比例抽樣後，計算出包裝不足的平均數量，然後計算出總的包裝不足數量，開出《物料異常報告》經供應商送貨人員簽字。

⑷貨倉管理員將實際的數量填入《進料驗收單》中，然後將《進料驗收單》和《物料異常報告》轉交至品管部 IQC 組。

⑸數量驗收處理時間：

①物控部收料組處理一般物料的時間為 30 分鐘內，處理急料的時間為 10 分鐘內。

②貨倉部處理數量驗收的時間為 2 小時內，急料為 1 小時內，特急料為 30 分鐘內。

步驟三 驗收進料品質

⑴品管部 IQC 組收到《進料驗收單》後，按《進料檢驗與試驗控制程序》和《進料檢驗規範》進行檢驗。

⑵經檢驗合格者，在《進料驗收單》上註明「ACCEPT」並寫上檢驗損耗數，同時在物料外包裝明顯位置貼上「IQCPASS」標籤，留下聯單，做好檢驗記錄，將《進料驗收單》和《物料異常報告》回執給貨倉。

⑶不合格者在《物料異常報告》上註明，馬上呈交至上級主管，召集相關部門進行會審，按《特採作業控制程序》和《不合格品控制程序》進行處理。

步驟四 貨倉入庫與入賬

(1)貨倉收到 IQC 回執的單據後，若有包裝不足，則將《物料異常報告》呈交採購部門處理。

(2)貨倉管理員安排人員將合格品搬運到指定庫區，並掛上《物料卡》。

(3)貨倉管理員按《進料驗收單》的實際收入數量入好賬目。

步驟五 表單的保存與分發

貨倉管理員視情況緊急與否，將當天的單據分散或集中分送到相關部門。

70 物料驗收實施流程

物料驗收入庫工作，涉及到貨倉、品質、物料控制、財務等諸多部門。

步驟一 確認供應廠商

物料從何而來，有無錯誤。如果一批物料分別向多家供應商採購，或同時數種不同的物料進廠時，驗收工作更應注意，驗收完後的標識工作非常重要。

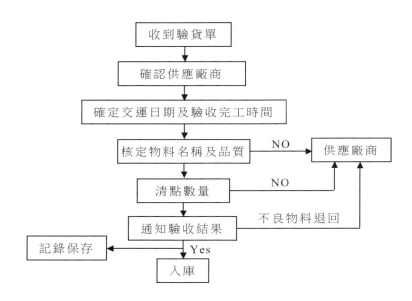

步驟二　確定交運日期與驗收完工時間

這是交易的重要日期,交運日期可以判定廠商交期是否延誤,有時可作為延期罰款的依據,而驗收完工時間有不少公司作為付款的起始日期。

步驟三　核定物料名稱及品質

收料是否與所訂購的物料相符合併確定物料的品質。

步驟四　清點數量

查清實際承交數量與訂購數量或送貨單上記載的數量是否相符。對短交的物料,即刻促請供應商補足;對超交的物料,在不缺料的情況下退回供應商。

步驟五　通知驗收結果

　　將允收、拒收或特採的驗收結果填寫物料驗收單通知有關單位。物料控制部門得以進一步決定物料進倉數量，採購部門得以跟進短交或超交的物料，財務部門可根據驗收結果決定如何付款。

步驟六　退回不良物料

　　供應商送交的物料品質不良時，應立即通知供應商，準備將該批不良物料退回，或促請供應商前來用良品交換，再重新檢驗。

步驟七　入庫

　　驗收完畢後的物料，入庫並通知物料控制部門，以備產品製造之用。

步驟八　記錄

　　供應商交貨的品質記錄等資料，為供應商開發及輔導的重要資料，應妥善保存。

心得欄 _____

_____

_____

_____

_____

_____

71 物料出倉控制流程

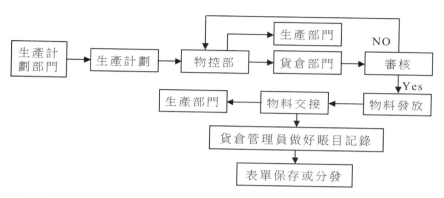

　　物料出倉控制，是生產計劃實施的重要環節，是企業物料供應的重要依據。企業在實施物料出倉控制時，可參照以下步驟：

步驟一　下達生產命令

　　(1)計劃部門根據《週生產計劃》和物控部提供的物料齊備資料簽發《製造命令單》給物控部。

　　(2)物控部門根據《製造命令單》開列《發料單》並分別派發至生產部門和貨倉部門。

步驟二　物料發放

　　(1)貨倉管理員接收到《發料單》後，首先與 BOM 核對，有誤時應及時通知物控開單人員，直至確認無誤後將《發料單》交給貨倉物料員發料。

(2)物料員點裝好料後，及時在《物料卡》上做好相應記錄，同時檢查一次《物料卡》的記錄正確與否，並在《物料卡》簽上自己的名字。

步驟三　物料交接

物料員將料送往生產備料區與備料員辦理交接手續，無誤後在《發料單》簽上各自名字，並各自取回相應聯單。

步驟四　賬目記錄

貨倉管理員按《發料單》的實際發出數量入好賬目。

步驟五　表單保存與分發

貨倉管理員將當天有關的單據分類整理好存檔或集中分送到相關部門。

心得欄

72 物料退料補貨流程

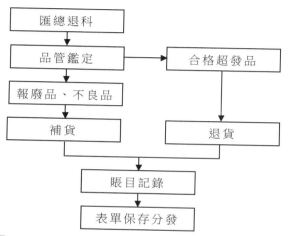

步驟一 退料匯總

生產部門將不良物料分類匯總後，填寫《退料單》，送至品管部 IQC 組。

步驟二 品管鑑定

品管檢驗後，將不良品分為報廢品、不良品與良品，並在《退料單》上註明數量。對於規格不符物料、超發物料及呆料退料時，退料人員在《退料單》上備註不必經過品管直接退到貨倉。

步驟三 退貨

生產部門將分好類的物料送至貨倉，貨倉管理人員根據《退料單》

上所註明的分類數量，經清點無誤後，分別收入不同的倉位，並掛上相應的《物料卡》（有關作業參考《不合格品控制程序》和《呆廢料管理辦法》）。

步驟四 **補貨**

因退料而需補貨者，需開《補料單》，退料後辦理補貨手續。

步驟五 **賬目記錄**

貨倉管理員及時將各種單據憑證入賬。

步驟六 **表單保存與分發**

貨倉管理員將當天的單據分類歸檔或集中分送到相關部門。

73 半成品入庫控制流程

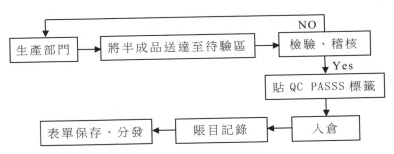

半成品生產部門嚴格按照有關規程進行生產，並經品管部 IPQC 組制程檢驗合格。

步驟一　檢驗半成品

(1)生產部門組長開出「半成品入倉單」，送至品質稽核員處。

(2)經品質稽核員(QA)核查後，貼上「QCPASS」標籤，並在「半成品入倉單」簽名。

步驟二　半成品入倉

(1)半成品生產部門的物料人員將單和貨一起送至半成品倉庫。

(2)半成品貨倉管理人員即著手安排貨倉物料人員按 2%—5%抽點單位包裝數量，並在抽查箱面上註明抽查標記。

(3)數量無誤後，貨倉管理人員在《半成品入倉單》上簽名，各取回相應聯單，將貨收入指定倉位，掛上《物料卡》。

步驟三　賬目記錄

貨倉管理人員及時做好半成品的入賬手續。

步驟四　表單保存與分發

貨倉管理員將當天的單據分類歸檔或集中分送到相關部門。

74 半成品出倉控制流程

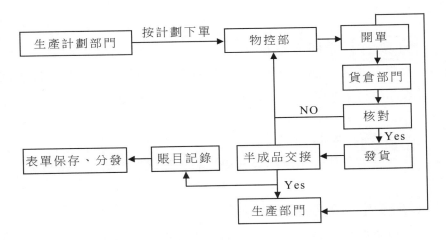

半成品一般都會轉入下一個加工環節，企業應對半成品進行數量控制。其具體步驟如下：

步驟一 下達生產命令

(1)計劃部門根據《週生產計劃》和物控部提供的物料齊備資料簽發《製造命令單》給物控部。

(2)物控部門根據《製造命令單》開列《半成品發料單》，並分別派發至生產部門和貨倉部門。

步驟二 半成品發放

(1)貨倉管理員接收到《半成品發料單》後，首先與 BOM 核對，

有誤時應及時通知物控開單人員,直至確認無誤後將《半成品發料單》交給貨倉物料員發料。

(2)物料員點裝好料後,及時在《物料卡》上做好相應記錄,同時檢查一次《物料卡》的記錄正確與否,並在《物料卡》簽上自己的名字。

步驟三 半成品交接

物料員將料送往生產備料區上與備料員辦理交接手續,無誤後在《半成品發料單》簽上各自名字,並各自取回相應聯單。

步驟四 賬目記錄

貨倉管理員按《半成品發料單》的實際發出數量入好賬目。

步驟五 表單保存與分發

貨倉管理員將當天有關的單據分類整理好存檔或集中分送到相關部門。

心得欄

75 半成品退料補貨流程

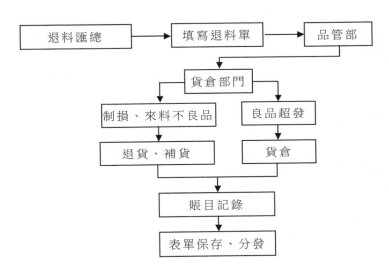

半成品退料，補貨可按以下步驟進行：

步驟一 退料匯總
生產部門將不良半成品分類匯總後，填寫《半成品退料單》，送至品管部。

步驟二 品管鑑定
品管檢驗後，將不良品分為制損、來料不良品與良品三類，並在《半成品退料單》上註明數量。對於超發半成品退料時，退料人員在《半成品退料單》上備註不必經過品管直接退到貨倉。

步驟三　半成品退貨

生產部門將分好類的半成品送至貨倉，貨倉管理人員根據《半成品退料單》上所註明的分類數量，經清點無誤後，分別收入不同的倉位，並掛上相應的《物料卡》（有關作業參考《不合格品控制程序》）。

步驟四　補貨

因退料而需補貨者，需開《半成品補料單》，退料後辦理補貨手續。若半成品存貨不夠補貨者，需立即通知物控部門和半成品生產部門，以便及時安排生產。

步驟五　賬目記錄

貨倉管理員及時將各種單據憑證入賬。

步驟六　表單保存、分發

貨倉管理員將當天的單據分類歸檔或集中分送到相關部門。

心得欄

_____

_____

_____

_____

_____

_____

物料存儲保管運作流程

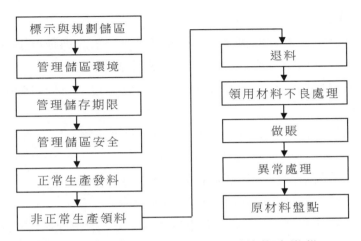

物料存儲是企業為確保生產進行所必需的物資準備。

步驟一 標示與規劃儲區

所有入庫的物料均需標示清楚且放置在指定的區域，並根據物料、產品的特性(大小、規格、體積)統一規劃存放區域。

步驟二 管理儲區環境

為確保物料不變質，儲存區應保持通風狀況，地面保持乾淨、料架清潔，定期打掃環境衛生，垃圾及時清除。

步驟三 管理儲存期限

為確保物料先進先出，各倉庫根據物料的特性制定儲存期限，過

期材料如需利用時,則必須先檢驗是否合格後,方可利用。化學物品根據分包商出廠標籤管制其儲存期限,如過期則由採購出面請分包商幫忙處理。

步驟四　管理儲區安全

(1)加強消防器材的保養、清潔及維護,消防設備區域不得堵塞。

(2)物料堆放不得靠近電源插座,通道保持暢通。

(3)物料包裝完整且做好防塵工作,倉管員每天下班須關閉電源、鎖好門窗。

(4)物料不得直接置放於地面上(如一時因週轉有限,原則上堆放期間不能超過一週),避免受潮而變質。

(5)庫房內嚴禁煙火,應保持整潔、乾淨、通風。

(6)易燃、易爆物儲存時須單獨隔離倉庫。

(7)物料堆放高度應適當(與燈具垂直正下方距離不小於 0.5m)、安全,以免崩落傷人。

(8)物料儲存不得阻礙通道通行及妨礙機械設備操作。

(9)物料儲存不得阻礙滅火器的使用或阻礙安全出入口、電器開關等。

(10)堆積的物料不得從下部抽出移動。

(11)應對具使用期限的物料標示出其使用期限,注意先出,並應於期限內使用完畢。

(12)物料若無法儲存於室內時,則應於物料上加蓋帆布等防雨設施,以防止雨淋造成物料損壞或污染環境。

步驟五　正常生產發料

生產部在領料前一天將《配置單》及《批號領料匯總表》下達給

倉庫主管，倉庫主管根據上述資料安排倉管員進行材料確認及備料工作。如有異常應立即通知生管人員及採購人員。

各工廠領料人員按生產計劃至倉庫進行領料作業，如屬易混淆的物料，應攜帶技術部所確認的樣品進行核對，可能產生色差的物料應按廠家生產批號或其他標示進行區分。雙方確認數量無誤後，將結果記入《批號領料匯總表》。

發料時如遇非整包裝的領料，應先將零星物料發掉，保持同一種物料在倉庫最多只有一個尾數包裝。

步驟六 非正常生產領料

工發用料、品管實驗、樣品製作、生產消耗等非正常領料按領料單進行作業，其中因生產消耗引起的領料應結合《材料不良申報表》一起使用。

步驟七 退料

各部門所領物料，如因領錯或損耗估計過高而出現結餘，在保證物料的使用性能的前提下，應及時開具《退料單》將材料退回倉庫。

步驟八 領用材料不良處理

生產工廠針對領用材料不良，應分析具體原因，並以《材料不良申報表》申報，經品管部進行原因確認後，轉生管部簽署處理意見，對於須退回供應商部份，倉庫應予以接收並區別放置，明顯標示，不得重覆領用。

步驟九 做賬

倉管員應及時傳遞各種出入庫單據，並於當日下班前依進出庫單

據做好《實物保管賬》，倉庫主管依據每日生產進度及物料狀況，有欠料時於每日上午 10 點前做出《資材欠料狀況表》分發給採購主管和生管主管各一份。

倉庫主管應對《資材欠料狀況表》的處理結果進行跟蹤督促，以免延誤生產供料計劃的執行：

(1)當該批產品無法按生產計劃供料時，倉庫主管立即向部門經理報告並跟蹤處理意見。

(2)部門經理應立即向相關部門聯繫制訂應急計劃，必要時報告總經理，以便督促及時處理。

步驟十 異常處理

如客戶取消訂單或材質更改造成呆料，則倉庫主管須在接營業通知後的 6 小時內做出《客戶訂單取消入庫材料申報表》交採購和財務計算賠償金額，請營業經理或總經理向客戶索賠。

步驟十一 原材料盤點

(1)倉庫主管、材料主管應不定期對倉管員的賬物合一狀況進行抽檢，以確保倉管員按規範進行操作。

(2)材料會計應在每月月底組織倉庫進行物料小盤點，對部份物料進行盤點，倉庫須全力配合其要求進行物料數量清點，並將結果計入《××月份盤點表》，並對差異原因進行檢討。

(3)財務部每年應選擇生產淡季進行年物料盤點，對所有物料庫存進行徹底清查。原則上定於 6 月份進行，屆時應制訂詳盡計劃，對收發料截止、盤點分工、報表提交、差異追蹤等作出明確規定。

77 盤點前工作實施流程

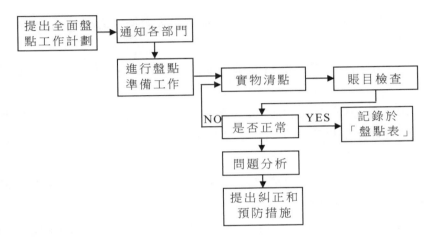

提出全面盤點工作計劃 → 通知各部門 → 進行盤點準備工作 → 實物清點 → 賬目檢查 → 記錄於「盤點表」(YES) / 是否正常 (NO) → 問題分析 → 提出糾正和預防措施

　　盤點是指為確定倉庫內或其他場所內所現存物料的實際數量，而對物料的現在數量加以清點。

步驟一　進行盤點前的準備

　　盤點工作需要充分的事前準備，否則盤點工作很難推動得十分順利，盤點準備工作的內容如下：

1. 確定盤點程序與方法

　　對於以往盤點工作的不理想先加以檢討修正後，確定盤點程序與方法。公司的盤點程序與方法應經過會議通過後列入公司正式的盤點程序或盤點制度中。

2.確定盤點日期

盤點日期決定要配合財務部門成本會計的決算。

3.選取盤點人員

盤點複盤、監盤或抽盤人員的選取，應該有一定的級別順序。

4.準備盤點用報表

盤點用的報表和表格須事先印妥，在人員培訓時進行演練。

5.清理

倉庫的清理工作，賬目的結清工作。盤點前倉庫的清理工作主要包括：

(1)供應商所交來的物料尚未辦完驗收手續的，不屬於本公司的物料，所有權應為供應商所有，必須與公司的物料分開，避免混淆，以免盤入公司物料當中。

(2)驗收完成物料應及時整理歸倉，若一時來不及入倉，得暫存於場，收在場所的臨時賬上。

(3)倉庫關閉之前，必須通知各用料部門預領關閉期間所需的物料。

(4)清理清潔倉庫，使倉庫井然有序，便於計數與盤點。

(5)將呆料、不良物料和廢料預先鑑定，與一般物料劃定界限，以便正式盤點時作最後的鑑定。

(6)將所有單據、文件、賬卡整理就緒，未登賬、銷賬的單據均應結清。

(7)倉庫的物料管理人員應於正式盤點前找時間自行盤點，若發現有問題應作必要且適當的處理，以利正式盤點工作的進行。

步驟二 實物清點

(1)材料盤點按 ABC 物質分類法進行。

(2)外發加工材料會同採購部人員前往供應商處,或委託供應商清點實際數量。

(3)盤點時應將盤點的票據填寫清楚,在數量欄中填上箱數、包數等,例如:10 箱×1000pcs/箱＋5 包×100pcs/包＋60pcS＝10560pcs。

(4)盤點票不得更改塗寫,更改需用紅筆在更改處簽名。

(5)初盤完成後,將初盤數量記錄於《盤點表》上,將盤點表轉交給複盤人員。

(6)複盤時由初盤人員帶複盤人員到盤點地點,複盤人員不應受到初盤的影響。

(7)複盤與初盤有差異者,應與初盤人員一起尋找差異原因,確認後記錄於《盤點表》上。

(8)抽盤時可根據盤點表隨機抽盤或就地抽盤,ABC 類物質抽查比例為 5：3：2。

步驟三 賬目核查

(1)盤點抽查,均未發現問題後,將抽盤數量記錄於《盤點表》上,與賬目核對。

(2)差錯率。

①固定資產差錯率為 0。

② A 類物質差錯率為 0.5%以下。

③ B 類物質差錯率為 1%以下。

④ C 類物質差錯率為 2%以下。

(3)複盤與初盤在差錯率規定以上者,均需再次盤點一次,經初盤、複盤人員共同確認後,再經抽盤組人員核實後予以記錄。

(4)盤點後第二天賬務人員需做好《盤點盈虧表》送交財務部門。

步驟四 問題及分析

(1)檢查呆料比重是否過高,並設法降低。

(2)檢查存貨週轉率高低,存料金額是否過大,當造成財務負擔過大時,宜設法降低庫存量。

(3)物料供應不繼率是否過大,過大時應設法強化物料計劃與庫存管理以及採購間的配合。

(4)料架、倉儲、物料存放地點是否影響到物料管理績效,若有影響,應設法改進。

(5)成品成本中物料成本比率是否過大,過大時應予以探討採購價格偏高的原因,並設法降低採購價格或設法尋找廉價的代用品。

(6)物料盤點工作完成以後,所發生的差額、錯誤、變質、呆滯、盈虧、損耗等結果,應分別予以處理,並分析原因,提出糾正及預防措施,防止以後再發生。

78 商品入庫準備工作流程

要迅速、準確地接收每批入庫商品,必須事先做好充分準備。商品入庫前的具體準備工作,一般有以下幾個步驟:

步驟一 加強日常業務聯繫

倉庫根據儲存情況,經常向存貨單位、倉庫主管部門、生產廠或運輸部門聯繫,瞭解來庫商品情況,掌握入庫商品的品種、類別、數

量和到庫時間,據以精確安排入庫的準備事項。一般來說,商品入庫,存貨單位或倉庫主管部門要提前(至少一天)通知倉庫,以便倉庫做好接貨的各項準備工作。倉庫對主管部門安排儲存的商品,不得挑剔。

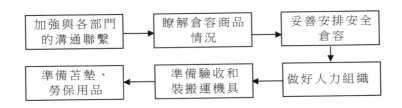

步驟二 　妥善安排倉容

　　當接到進貨單後,在確認為有效無誤時,應根據入庫商品的性能、數量、類別,結合分區分類保管的要求,核算所需的貨位面積(倉容)大小,確定存放位置,以及必要的驗收場地。對於新商品或不熟悉的商品入庫,要事先向存貨單位詳細瞭解商品的性質、特點、保管方法和有關注意事項,以便商品入庫後做好保管養護工作。

步驟三 　組織人力

　　根據商品進出庫的數量和時間,做好收貨人員和搬運、堆碼人員等的安排工作。採用機械操作的要定人、定機,事先安排作業序列,做好準備。

步驟四 　準備驗收和裝卸搬運機具

　　為保證入庫作業的順利進行,根據入庫商品驗收內容和方法,以及商品的包裝體積、重量,準備齊全各種點驗商品數量、質量、包裝和裝卸、堆碼所需的點數、稱量、測試機具等所有用具。要做到事先檢查,保證準確有效。

步驟五　準備工作用品

　　根據入庫商品的性能、數量和儲存場所的條件，核算所需用品的數量，據以備足必需的數量。尤其對於底層倉間和露天場地存入商品，更應注意所需物的選擇和準備。同時，根據需要準備好工作保護用品。

79　商品入庫操作流程

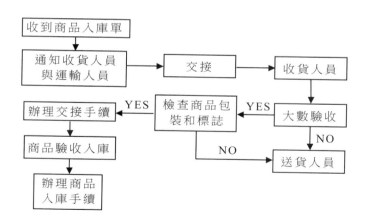

　　商品入庫，必須經過接貨、搬運裝卸、分嘜（分標記）、驗收入庫（場）、堆碼、辦理交接手續、登賬等一系列操作過程，這些統稱為進倉（入庫）作業。入庫作業要在一定時間內迅速、準確地完成。

步驟一　大數驗收

這是商品入庫的第一工序。由倉庫收貨人員與運輸人員或運輸部門進行商品交接。商品由車站、碼頭、生產廠或其他倉庫移轉，運到倉庫時，收貨人員要到現場監卸。對於品種多、數量大、規格複雜的入庫商品，卸貨時要分品種、分規格、分貨號堆放，以便清點驗收。點收商品要依據正式入庫憑證，先將大件(整件)數量點收清楚。大數點收，一般採用逐件點數計總以及集中堆碼點數兩種方法。逐件點數，靠人工點記費力易錯，可採用簡易的計算器,計算累計以得總數。對於花色品種單一，包裝大小一致，數量大或體積大的商品，適宜於用集中堆碼點數法，即入庫的商品，堆成固定的垛形(或置於固定容量的貨垛)，排列整齊，每層，每行件數一致，一批商品進庫完畢，貨位每層(橫列)的件數與堆高(縱列)的件數相乘，每層、每行件數一致，一批商品進庫完畢，貨位每層(橫列)的件數與堆高(縱列)的件數相乘，即得總數。但需注意，碼成的貨垛，其頂層的件數往往是零頭，與以下各層件數不一樣，如簡單劃一統計，就要產生差錯。

步驟二　檢查商品包裝和標誌

在商品大數點收的同時，對每件商品的包裝和標誌要進行仔細檢查。收貨人員應注意識別商品包裝是否完整、牢固，有無破損、受潮、水濕、油污等異狀。對液體商品要檢查包裝有無滲漏痕跡。認真核對所有商品包裝上的標誌是否與入庫通知所列的相符。

步驟三　辦理交接手續

入庫商品經上述兩個工序之後，即可與送貨人員辦理交接手續，由倉庫收貨人員在送貨單上簽收，從而分清倉庫與運輸之間的責任。

　　鐵路專用線或水運專用碼頭的倉庫，由鐵路或航運部門運輸的商品入庫時，倉庫人員從專用線或專用碼頭上接貨，直接與交通運輸部門辦理交接貨手續。

步驟四　驗收商品

　　商品入庫後，要根據有關業務部門的要求，及本庫必須抽驗入庫的規定，進行開箱，拆包點檢。

步驟五　辦理商品入庫手續

　　商品驗收後，由保管員或驗收人員根據驗收結果寫在商品入庫憑證上，以便記賬、查貨和發貨。經過覆核，倉庫留下保管員存查及倉庫商品賬登錄所需的入庫聯單外，其餘入庫憑證各聯退送業務部門，作為正式收貨的憑證。

　　商品入庫手續辦理完畢後，倉庫賬務人員根據保管員（或驗收員）簽收的商品入庫憑證，將倉儲有關項目登入商品保管賬。倉庫的保管賬必須正確反映商品進、出和結存數。在庫商品的貨位編號，應在賬上註明，以便核對賬貨和發貨時查考。

心得欄

----

80 商品出庫工作流程

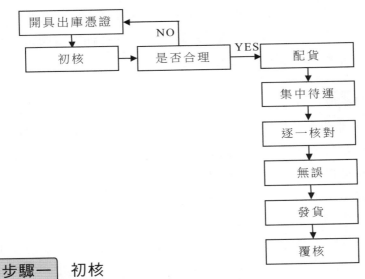

步驟一 初核

審核商品出庫憑證，主要是審核正式出庫憑證填寫的項目是否齊全，有無印鑑，所列提貨單位名稱、商品名稱、規格重、數量、嘜頭、合約號等，是否正確，單上填寫字跡是否清楚，有無塗改痕跡，提貨單據是否超過規定的提貨有效日期，如發現問題，應立即聯繫或退請業務單位更正，不允許含糊不清的先行發貨。

步驟二 配貨

按出庫憑證所列的項目內容，核實並進行配貨。屬於自提出庫的商品，不論整零，保管員都要將貨點齊，經過覆核後，再逐項點付給

提貨人，當面交接，以清責任。屬於送貨的商品，應按分工規定，由保管人員在包裝上刷寫粘貼各項發運必要的標誌，然後集中到理貨場所待運。

步驟三　待運

送貨的商品，不論整件或拼箱的，均須進行理貨，集中待運。待運商品，一般可分公路、航路、鐵路等不同的運輸方式與路線和收貨點，進行分單(票)集中，便利發貨。

步驟四　發貨

運輸部門人員持提貨單到倉庫時，保管員或收發貨員應逐單一一核對，並點貨與運輸人員，劃清責任。發貨時，應同時填發商品出門證，交給提貨人員，以便倉庫門崗卡口人員查驗放行。發貨結束，應在隨車清單上加蓋「發訖」印記，並留據存查。

倉庫發貨，原則上是按提貨單當天一次發完，如確有困難不能當日提取完畢的，應分批提取。保管員須向提貨人交代分批提取手續，每批次發貨時均應記錄並核對，謹防差錯。

步驟五　覆核

保管員發貨後，應及時核對商品儲存數，同時檢查商品的數量、規格等是否與批註的帳面結存數相符。隨後核對商品的貨位量、貨卡，如有問題，及時糾正。

81 生產線物料盤點流程

盤點是指為確定倉庫內或其他場所內現存物料的實際數量,而對物料的現存數量進行清點的工作。

步驟一　生產線退料

生產線的退料工作在平時就要進行,在盤點來臨時才進行退料,工作繁雜而且不易順利進行。生產線退料工作必須進行得十分徹底,生產線所屬工作場所應全面檢查,徹底退料。生產線的退料對象包括以下幾項:

- 規格不符的物料。
- 超發的物料。
- 呆、廢料。
- 不良半成品。

步驟二　生產線物料盤點

生產線物料盤點工作的進行,主要有以下步驟:

- 預先做好盤點準備工作。
- 生產主管下令生產停工後,必須監督各工廠、班組和流水線的操作人員將手上的工作完成。
- 所有操作人員將手上工作完成後,即安排操作人員將工作場地的零件、半成品擺在明顯位置後,只留下盤點人員,其餘人員迅速離開生產現場。

· 以生產線盤點單進行生產線盤點,對零件及各種半成品徹底加以檢查。

· 盤點後,應會同複盤點人員再盤點一次;若發現誤差,即一起核實原因,再重新盤點。

· 盤點完畢,收集所有生產線盤點單。

· 安排人員匯總,做好盤點報表。

步驟三 調查盤點差異

如果發現盤點所得資料與賬目核對結果不一致,則應積極追查賬物差異的原因。差異原因的追查可從下列幾方面著手進行:

· 是否確實存在賬物不一致,是否因料賬處理制度有缺陷而造成料賬無法確實表達物料數目的因素存在。

· 是否存在由於料賬員素質過低,記賬錯誤或進料、發料的原始單據丟失造成料賬不符。

· 是否存在盤點人員不慎多盤,或盤點人員事先培訓工作進行不徹底而造成錯誤的現象。

步驟四 改善盤點工作

· 強化物料計劃與庫存管理以及採購的配合,滿足物料供應。

· 設法改進料架、倉儲、物料存放地點。

· 依據管理績效,對分管人員進行獎懲。

· 料賬、物料管制卡的帳面糾正。迅速處理呆、廢料。

· 加強整理、整頓、清掃、清潔工作。

· 物料盤點工作完成後,所發生的差額、錯誤、變質、呆滯、盈虧、損耗等結果,應分別予以處理,並防止以後再發生。

82 資產盤點流程

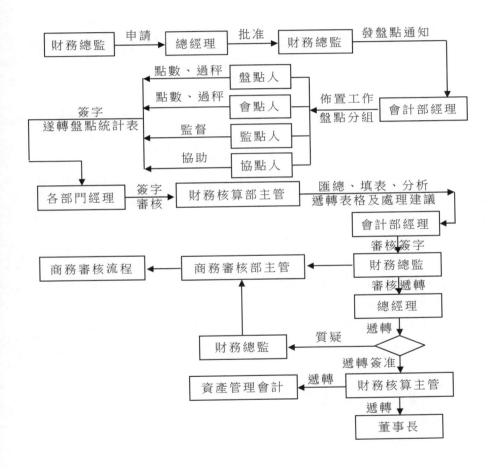

83 配送中心作業流程

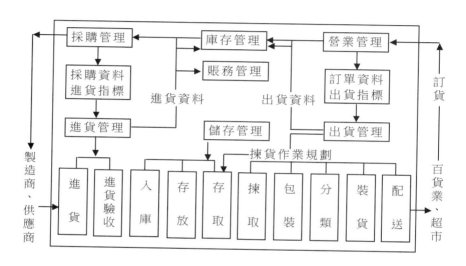

步驟一 訂單處理作業

　　配送中心發揮配送功用開始於客戶的詢價、業務部門的報價，然後接收訂單，業務部門查詢出貨日的庫存狀況、裝卸貨能力、流通加工負荷、包裝能力、配送負荷等情況，設計滿足客戶需求的配送操作。

步驟二 業務協調

　　當配送中心受到約束而無法按客戶要求交貨時，業務部門需進行協調。由於配送中心不隨貨收款，因此在訂單處理時，需要查核公司對客戶的信用評價。此外還需統計該時段的訂貨數量，以安排調貨、分配出貨程序及數量。退貨數據處理也在此階段處理。另外業務部門

需要制定報價計算方式，制定客戶訂購最小批量、訂貨方式或訂購結賬截止日。

步驟三　向廠商直接要貨

接受訂單後，配送中心需向供貨廠商訂購或向製造廠商直接要貨，這包括商品數量需求統計、對供貨廠商查詢交易條件，然後根據所需數量及供貨廠商提供的訂購批量提出採購單或出廠提貨單。採購單發出後則進行入庫進貨的跟催階段。開出採購單或出廠提貨單後，入庫進貨管理員即可根據採購單上預定入庫日期進行入庫作業調度、入庫月臺調度，在商品入庫當日，進行入庫資料查核、入庫質量檢驗，當質量或數量不符時立即進行適當修正或處理，並輸入入庫數據。

步驟四　入庫管理員可按一定方式指定卸貨及託盤堆疊

對於退回商品的入庫還需經過質檢、分類處理，然後登記入庫。商品入庫後有兩種作業方式，一為商品入庫上架，等候出庫需求時再出貨。另一種方式是直接出庫，此時管理人員需按照出貨需求，將商品送往指定的出貨碼頭或暫時存放地點。

步驟五　庫存管理作業

庫存管理作業包括倉庫區管理及庫存控制。倉庫區管理包括商品在倉庫區域內擺放方式、區域大小、區域分佈等規劃；商品進出倉庫的控制——先進先出或後進先出；進出貨方式的制定；商品所需搬運工具、搬運方式；倉儲區貨位的調整及變動。

步驟六 庫存控制

庫存控制則需按照商品出庫數量、入庫所需時間等來制定採購數量及採購時間，並做採購時間預警系統。制定庫存盤點方法，定期負責列印盤點清單，並根據盤點清單內容清查庫存數、修正庫存賬目並製作盤盈、盤虧報表。倉庫區的管理還包括包裝容器使用與包裝容器保管維修。

步驟七 補貨及揀貨作業

為了滿足客戶對商品不同種類、不同規格、不同質量的需求，配送中心必須有效分揀貨物，並計劃理貨。統計客戶訂單即可知道商品真正的需求量。在出庫日，當庫存數滿足出貨需求量時，即可根據需求數量列印出庫揀貨單及各項揀貨指示，進行揀貨區域的規劃佈置、工具選用及人員調派。出貨揀取不只包括揀取作業，還需補充揀貨架上商品，使揀貨不至於缺貨，這包括補貨量及補貨時間地點的制定、補貨作業調度、補貨作業人員調派。

步驟八 流通加工作業

配送中心的各項作業中流通加工最易提高商品的附加價值。流通加工作業包括商品的分類、過磅、拆箱重包裝、貼標籤及商品組合包裝。這就需要進行包裝材料及包裝容器的管理、組合包裝規劃的制定、流通加工包裝工具的選用、流通加工作業的調度、作業人員的調派。

步驟九 出貨作業處理

完成商品揀取及流通加工作業後，就可以進行商品出貨作業。出

貨作業包括根據客戶訂單為客戶列印出貨單據，制定出貨調度，列印
出貨批次報表、出貨商品上所需地址標籤及出貨核對表。由調度人員
決定集貨方式、選用集貨工具、調派集貨作業人員，並決定運輸車輛
大小與數量。由倉庫管理人員或出貨管理人員決定出貨區域的規劃佈
置及出貨商品的擺放方式。

步驟十　配送作業

配送作業包括商品裝車並進行實際配送，完成這些作業需要事先
規劃配送區域，安排配送路線，由配送路線選用的先後次序來決定商
品裝車順序，並在商品配送途中進行商品跟蹤、控制及配送途中意外
狀況的處理。

步驟十一　會計作業

商品出庫後銷售部門可根據出貨數據製作應收帳單，並將帳單轉
入會計部門作為收款憑據。商品入庫後，則由收貨部門製作入庫商品
統計表，以作為供貨廠商催款稽核之用，並由會計部門製作各項財務
報表，供經營績效考核和策略制定的參考。

步驟十二　績效管理

高層管理人員要通過各種考核評估來實現配送中心的效率管
理，並制定經營決策及方針。而經營管理和績效管理則要求為各個工
作人員或中層管理人員提供各種資訊與報表，包括出貨銷售統計數
據、客戶對配送服務的反應報告、配送商品次數及所需時間報告、配
送商品的失誤率、倉庫缺貨率分析、庫存損失率報告、機器設備損壞
及維修報告、燃料耗材等使用量分析、外雇人員、機器、設備成本分
析、退貨商品統計報表、人力使用率分析等。

84 物料配送作業流程

步驟一 備貨

備貨是配送的準備工作，包括籌集貨源、訂貨、集貨、進貨及有關的質量檢查、結算、交接等。備貨是決定配送成敗的初期工作，如果備貨成本太高，就會大大降低配貨的效益。

步驟二 儲存

儲存有儲備及暫存兩種形態。儲備是按一定時期的配送經營要求，形成的對配送資源的保證，可以有計劃地確定週轉儲備及保險儲備結構及數量。

暫存是具體執行配送時，按分揀配貨要求，在貨場地所做的少量儲存準備，這部份暫存數量只會對工作方便與否造成影響，而不會影響儲存的總效益。

步驟三 分揀及配貨

分揀及配貨是配送不同於其他物流形式的有特點的功能要素，是完善送貨、支持送貨準備工作，是不同配送企業進行競爭和提高自身效益的必然延伸。因此，分揀及配貨是決定整個配送系統水準的關鍵要素。

步驟四 配裝

在單個用戶配送數量不能達到車輛的有效載運負荷時，就存在如

何集中不同用戶的配送貨物，進行搭配裝載以充分利用運能、運力的問題。配裝送貨可以大大提高送貨水準及降低送貨成本，配裝也是配送系統中有現代特點的功能要素。

步驟五　配送運輸

配送運輸是較短距離、較小規模、頻度較高的運輸形式，一般使用汽車做運輸工具。在運輸路線選擇上，由於一般城市的交通路線較為複雜，如何組合成最佳路線，如何使配裝和路線有效的搭配，是配送運輸的特點，也是難度較大的工作。

步驟六　送達服務

配好的貨運輸到用戶還不算配送工作的完結，這是因為送達貨和用戶接貨往往還會出現不協調。因此，要圓滿地實現運到之貨的移交，有效地、方便地處理相關手續並完成結算，還應注意卸貨地點、卸貨方式等。

步驟七　配送加工

在配送過程中，配送加工這一功能要素不具有普遍性，但往往是有重要作用的功能要素。通過配送加工，可以大大提高用戶的滿意程度。

85 調貨管理流程

　　1. 分公司（經營部、辦事處）之間互調產品以總部或地區計調管理人員下達的調撥指令為準，並按照計調管理人員的要求具體組織實施。

　　2. 調出方自接到書面通知之日起，負責所調貨物於 1—3 日內發出（汽車 1 日、火車 3 日），憑車皮號或汽車號為準，調出方必須保證貨物為未開箱產品。

　　3. 選用鐵路運輸方式，必須寫清到站、收貨部門、位址、電話、貨物品種規格、數量、投保情況以及收貨方是否要人專用線。

　　4. 選用公路運輸方式，必須選擇資信良好的公司，簽定運輸協議，並在承運前將司機行駛證、駕駛證、身份證複印留底，將所承運的貨物規格、數量、價值填寫明確，一式兩份，雙方共同簽名認可，並投保貨物運輸保險。

　　5. 貨物一經發出，將發出貨物的規格、數量、車皮號碼（車牌號碼）傳真或電報通告收貨部門，同時將調貨單寄出，以便對方憑據核實、收貨。

　　6. 收貨部門接到通知後，應諮詢貨物預計到達時間，貨物到達後，按發貨方提供的規格、數量、金額核對貨物。

　　7. 如發現貨物短缺、損壞或貨物丟失，要及時查明原因，如屬於運輸部門責任，請運輸部門出具卸車記錄；如屬於發貨方責任的，核實發貨規格、數量、破損或短缺情況、通知發貨方同時報告處理。

　　8. 計調管理人員必須負責銜接好貨物發、收工作，做到收、發憑

據齊全。

9.財務結算手續：收發雙方辦妥調撥手續後，將調撥單寄交財務部，由財務部核查並調整分公司(經營部、辦事處)庫存記錄。

86 PDCA循環法

做一件事、一項活動或解決一個問題，都有一個做法或思路，按照 PDCA 的活動規律(程序)進行的，即：計劃(Plan)、執行(Do)、檢查(Check)、處理(Action)。P 是指找出所存在的問題，分析產生問題的原因，找出主要原因，制訂對策，D 是指按照制訂的對策實施；C 是指檢查所取得的效果；A 是指制訂鞏固措施，防止問題再發生，並提出遺留問題及下一步打算。

步驟一 計劃(Plan)階段

在開始進行持續改善的時候，首先要進行的工作是計劃。要通過市場調查、用戶訪問等，摸清用戶對產品質量的要求，制定質量目標、活動計劃、管理項目和措施方案。計劃階段需要檢討企業目前的工作效率、追蹤流程目前的運行效果和收集流程過程中出現的問題點；根據搜集到的資料，進行分析並制定初步的解決方案，提交公司高層批准。計劃階段包括四項工作內容：

· 分析現狀。通過現狀的分析，找出存在的主要質量問題，盡可能以數字說明。

· 尋找原因。在所搜集到的資料的基礎上，分析產生質量問題的

各種原因或影響因素。

· 提煉主因。從各種原因中找出影響質量的主要原因。

· 制定計劃。針對影響質量的主要原因，制定技術組織措施方案，並具體落實到執行者。

PDCA 循環的四個階段

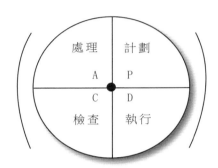

PDCA 的八大步驟

步驟二 執行(Do)階段

執行階段是將制定的計劃和措施具體組織實施和執行，將初步解決方案提交給公司高層進行討論，在得到高層的批准後，由公司提供

必要的資金和資源來支援計劃的實施。例如根據質量標準進行產品設計、試製、試驗，其中包括計劃執行前的人員培訓。

執行階段需要注意的是，不能將初步的解決方案全面展開，而只在局部的生產線上進行試驗。這樣，即使設計方案存在較大的問題時，損失也可以降低到最低限度。通過類似白鼠試驗的形式，檢驗解決方案是否可行。在執行階段，要實施上一階段所規定的內容，就只有一個步驟——執行計劃。

步驟三　檢查(Check)階段

檢查階段主要是在計劃執行過程中或執行後，檢查執行情況，看是否達到了預期的效果。按照檢查結果，來驗證生產線的運作是否按照原來的標準進行；或者原來的標準規範是否合理等。

生產線按照標準規範運作後，分析所得到的檢查結果，尋找標準化本身是否存在偏移。如果發生偏移現象，就重新策劃，重新執行。這樣，通過暫時性生產對策的實施，檢驗方案的有效性，進而保留有效的部份。檢查階段可以使用的工具主要有排列圖、直方圖和控制圖。在該階段也只有一個步驟——效果檢查。

步驟四　處理(Action)階段

處理是對總結的檢查結果進行處理，成功的經驗加以肯定，並予以標準化或制定作業指導書，便於以後工作時可遵循；對於失敗的教訓也要總結，以免重現。對於沒有解決的問題，應提到下一個 PDCA 循環中去解決。處理階段包括兩方面的內容：

1. 總結經驗，進行標準化。總結經驗教訓，估計成績，處理差錯。把成功的經驗肯定下來，制定成標準；把差錯記錄在案，作為鑑戒，防止今後再度發生。

2.將問題轉入下一個循環。將遺留問題轉入下一個管理循環,作為下一階段的計劃目標。

87 生產目標流程工作標準

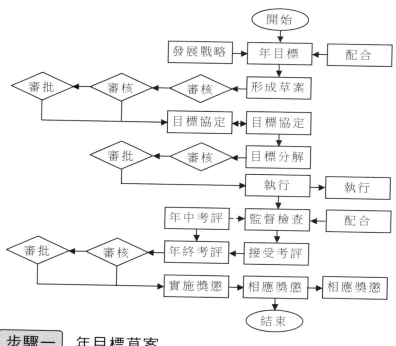

| 步驟一 | 年目標草案

(1)流程

· 生產部根據公司中長期發展戰略和年經營目標,擬寫公司年生產目標(10 個工作日內)

- 各有關職能部門和生產單位配合生產部年目標的編制（隨時）
- 生產部將年生產目標報企劃部審核（1 個工作日內）
- 生產部將年生產目標報生產總監審核（1 個工作日內）
- 生產部將年生產目標報總裁審批（1 個工作日內）

(2) 重點
- 年生產目標的編制

(3) 標準
- 年生產目標編制及時、全面、可行

步驟二　簽訂目標協定

(1) 流程
- 年生產目標草案經上級審批後，生產部按上級審批意見，將其補充完善（5 個工作日內）
- 生產部與企劃部正式將年生產目標成文（2 個工作日內）
- 在企劃部的主持下，生產部部長與總裁簽訂年目標管理協議書（1 個工作日內）
- 年目標管理協議書由企劃部存檔備案（即時）

(2) 重點
- 目標管理協議書的簽訂

(3) 標準
- 目標協議書簽訂順利

步驟三　目標分解

(1) 流程
- 生產部將年生產目標逐層分解為季、月各生產單位的目標（5 個工作日內）

- 分解後的生產目標報企劃部審核(1 個工作日內)
- 分解後的生產目標報生產總監審批(1 個工作日內)
- 生產部組織各層次生產目標的實施
- 各生產單位實施本單位的生產目標

(2) 重點

- 年生產目標的分解與執行

(3) 標準

- 年生產目標分解及時、準確

步驟四 監督檢查與年中考評

(1) 流程

- 在生產目標執行過程中,生產部對各生產單位的執行情況進行
  定期、不定期檢查(至少每月一次)
- 在檢查過程中發現影響目標進度的問題,並及時妥善解決(依
  情況定)
- 每年年中,企劃部組織對生產目標進行年中考評(5 個工 作日
  內)
- 企劃部根據年中考評情況,提出相關的意見和建議(2 個工作
  日內)
- 生產部根據年中考評結果和企劃部的意見,改善目標管理,促
  進生產目標全面完成

(2) 重點

- 目標執行過程的監督檢查與年中考評

(3) 標準

- 年目標及各生產單位分解目標的完成

步驟五　年終考評

(1) 流程

· 每年年終，企劃部組織對年生產目標進行全面考評（10 個工作日內）

· 生產部接受並積極配合企劃部的年終考評

· 年終考評結果報生產總監和發展總監審核

· 年終考評結果報總裁審批

(2) 重點

· 對年生產目標的年終考評

(3) 標準

· 年終考評及時，結果真實

步驟六　獎懲兌現

(1) 流程

· 企劃部根據年初簽訂的目標管理協議書，對生產部做出相關獎懲決定（3 個工作日內）

· 獎懲結果報生產總監和發展總監審核（1 個工作日內）

· 獎懲結果報總裁審批（1 個工作日內）

· 生產部根據各單位目標執行的情況，對各生產單位實施相關獎懲（2 個工作日內）

(2) 重點

· 生產目標管理的獎懲兌現

(3) 標準

· 獎懲合理，兌現及時

88 生產成本控制流程

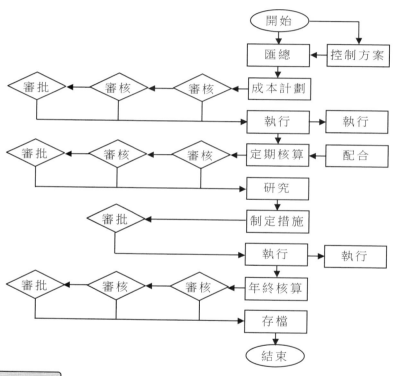

步驟一 編制成本計劃

(1)流程

‧ 各生產單位根據自身情況，編制生產成本控制方案(2 個工作日內)

‧ 生產部匯總各生產單位編制的成本控制方案(1 個工作日內)

- 生產部編制成本計劃，以及成本控制方案（5 個工作日內）
- 成本計劃和控制方案報財務部審核（1 個工作日內）
- 成本計劃和控制方案報生產總監審核（1 個工作日內）
- 成本計劃和控制方案報總裁審批（1 個工作日內）

(2) 重點

- 成本計劃和控制方案的編制

(3) 標準

- 計劃和方案編制及時、準確、可行

步驟二　定期核算

(1) 流程

- 成本計劃和控制方案經審批後，生產部組織各生產單位嚴格執行
- 生產部定期核算生產成本，財務部和各生產單位予以配合（每月一次）
- 成本核算結果報財務部審核（1 個工作日內）
- 成本核算結果報生產總監審核（1 個工作日內）
- 成本核算結果報總裁審批（1 個工作日內）

(2) 重點

- 生產成本的定期核算

(3) 標準

- 定期成本核算及時、準確

步驟三　制定措施

(1) 流程

- 生產部研究成本超支原因或有無進一步節約成本的可能，制定

改進成本控制措施（2 個工作日內）

· 報財務部審核後，生產總監審批（1 個工作日內）

· 生產部組織各生產單位執行成本控制新措施

(2)重點

· 成本進一步控制措施的制定

(3)標準

· 措施制定及時、準確

步驟四 年終成本核算

(1)流程

· 生產部每年年終進行年成本核算（3 個工作日內）

· 年成本核算報財務部審核，財務部對照自己核算的結果，是否
  相符（2 個工作日內）

· 年成本核算報生產總監和財務總監審核（1 個工作日內）

· 年成本核算報總裁審批（1 個工作日內）

· 根據核算結果，生產部接受相關的獎懲

· 生產部將年核算單存檔，妥善保管（即時）

(2)重點

· 年終成本核算

(3)標準

· 年終成本核算及時、真實、準確

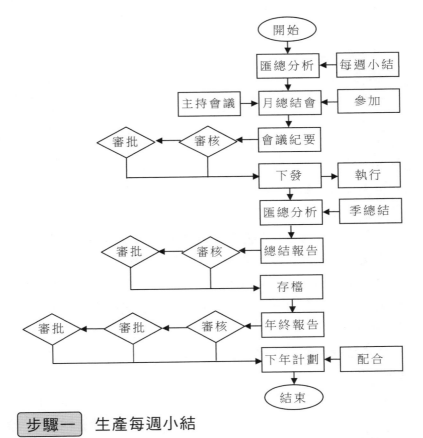

89 生產總結管理流程

步驟一 生產每週小結

(1)流程

· 各生產單位每週對本單位的生產情況進行小結，並在調度會上做出總結性發言（每週一次）

‧ 生產部對各生產單位每週小結進行匯總分析,作為在調度會上提出問題的依據(1 個工作日內)

‧ 每週的調度例會上,生產部對近期生產情況做出小結

‧ 生產部編寫調度會議紀要,經審批後,下發到各生產單位(1 個工作日內)

(2)重點

‧ 生產每週小結

(3)標準

‧ 每週小結及時、全面、客觀

步驟二 月總結會議

(1)流程

‧ 生產部每月組織月生產總結會,討論生產中的各種問題,生產總監主持,各生產單位參加(每月一次)

‧ 生產部及時編寫月生產總結會議紀要(2 個工作日內)

‧ 會議紀要報生產總監審核(1 個工作日內)

‧ 會議紀要報總裁審批(1 個工作日內)

‧ 生產部下發會議紀要,生產單位執行紀要內容

(2)重點

‧ 生產月總結會議的召開

(3)標準

‧ 會議召開及時,月生產計劃全面完成

步驟三 季總結報告

(1)流程

‧ 生產部每季編寫季生產總結報告,各生產單位配合編寫(3 個

工作日內）
- 季生產總結報告報生產總監審核，報總裁審批（1 個工作日內）
- 生產部將審批的總結報告存檔（即時）

(2) 重點
- 公司季生產總結報告的編寫

(3) 標準
- 報告編寫及時，內容全面、真實、客觀

步驟四　年生產總結

(1) 流程
- 每年年終，生產部編寫公司年生產總結報告，各生產單位積極
  配合，提供相關數據、資料（5 個工作日內）
- 年生產總結報告報生產總監審核（1 個工作日內）
- 年生產總結報告報總裁審批（1 個工作日內）
- 年生產總結報告在董事會年會議時，報董事會討論、審批
- 生產部根據年生產情況，結合各級審批意見，編寫下一年公司
  生產計劃（15 個工作日內）
- 各生產單位配合下一年生產計劃的編制（隨時）

(2) 重點
- 年生產總結報告的編寫

(3) 標準
- 報告編寫及時，內容全面、真實、客觀

90 貫徹ISO9000標準的步驟

第一階段：培訓、職責分配

步驟一 培訓

1. 基礎知識培訓

其中包括：ISO9000 族標準的內涵；ISO9000 基礎和術語；八項品質管制原則；ISO9000 標準的要求及其理解。

2. 骨幹培訓

其中包括：ISO9000 族標準的結構、原理和內容概述；重要質量術語；實施標準的指導；主管在體系中的作用；體系建立、維護、認證和不斷改進的過程。

3. 文件編寫技能培訓

其中包括：質量體系文件總論；質量手冊編寫；程序文件編寫；作業指導書編寫；質量計劃制定；質量記錄。

步驟二 建立組織

1. 建立 ISO9000 委員會

推行 ISO9000，領導是關鍵，企業領導應做出正確決策，並積極地帶頭參加這項工作，應該帶頭學習 ISO9000 基礎知識；積極推動公司工作；提供人力和物力支援；成立領導小組，主要領導都應當參與；任命管理者代表，負責標準中規定的職責；及時處理有關重大問題；組織管理評審。

2.建立工作機構──貫標辦(質管部)

為了推行 ISO9000，公司應成立專門工作機構，負責全公司推行 ISO9000 組織協調工作，作為一個具體辦事機構。應當保證所有相關部門都能參與工作小組；有專職人員；有骨幹力量。骨幹人員應對 ISO9000 有較全面系統的學習，最好有一定相關工作經歷。

3.選拔管理者代表

公司應按標準要求任命管理者代表；管理者代表應由最高管理者任命。管理者代表應承擔如下職責：第一，確保按標準要求建立、實施和保持有效的品質管制體系；第二，向最高管理者報告質量體系的運行情況，以便評審和改進品質管制體系；第三，確保在整個組織內提高滿足顧客要求的意識；第四，就品質管制體系方面的事宜與外部機構的聯絡。

步驟三 系統調查-診斷

1.診斷的目的

通過診斷，達到以下目的：首先，確認現有質量體系與標準的符合性，找出與標準之間差距，並且找出形成這些差距原因；其次，確定合適的質量體系範圍及其補充要求，根據公司運作需要、合約要求、產品特點確定 ISO9001 中各項要求的適用性；再次，識別、確定對現有品質管制體系進行調整的內容，其中包括體系要素確定、機構調整、文件清理(清單)和需要重新編制的文件(清單)。

2.診斷的依據

診斷工作一般應遵守品質管制體系標準、主要合約和本單位的基本法規。

3.實施診斷的人員

實施診斷的可以是公司內部的人員，也可以是公司委託的外部機

構的人員，例如諮詢人員。

4.診斷工作的實施過程

其中包括確定診斷小組；確定診斷依據和診斷對象；制訂診斷計劃，制定診斷工作文件；現場診斷檢查。

5.提交診斷報告

其中包括不合格報告；診斷結論；體系文件清單；需要重新編制和修訂的文件（清單）。

　步驟四　職責分配、體系設計

本步驟主要包括：制定質量方針；任命管理者代表；確定體系是否存在剪裁；設計調整組織機構；確定新體系中文件結構。

第二階段：編寫文件、試運行

　步驟五　編寫文件

1.列出文件清單：①質量手冊，包括：品質管制體系的範圍；職能的分配；過程的相互關係說明；剪綵細節及其合理性說明；體系程序或對其的引用。②程序文件，包括：需要編制那些程序文件；每個程序文件對應那個要素；各程序文件之間有無重覆、有無遺漏；各程序文件形成的記錄；有關支持性文件。③工作文件，包括：作業指導書；技術文件；管理文件；報告和表格。

2.明確那些現有文件作廢、那些現有文件保留。

3.分配文件編寫任務。

4.起草文件。

5.文件討論。

6. 文件批准發放。

步驟六　體系試運行

1. 體系交底：①質量手冊說明特點、使用、保管要求；②程序文件說明特點、注意事項、形成記錄、各程序之間介面；③作業指導書：說明需要掌握關鍵問題如何記錄，報告不合格品。

2. 培訓、宣傳：①崗位培訓；特殊崗位培訓考核；管理人員程序文件培訓；全員質量方針、目標培訓。②宣傳質量方針；試運行計劃；ISO9000 認證計劃；體系文件內容介紹。

3. 其他配套工作：①計量檢定；②合格供方評定；③標誌製作。

4. 試運行：①補充完善基礎工作：邊運行，邊完善第三層次文件；②修改體系文件：邊運行，邊修改不合適的文件；③形成記錄並保存，以備提供證據。

第三階段：內部審核、正式運行

步驟七　內部審核、管理評審

1. 至少進行一次內部審核，按標準要求制定審核計劃、審核清單、審核報告、不合格項記錄表等，有關活動的記錄和文件應保存完好，以便認證時檢查。

2. 至少安排一次管理評審，以評價品質管制體系的適宜性、充分性和有效性，同時積累一次管理評審活動記錄，評審按程序文件要求進行。

步驟八　正式運行

通過內部審核、管理評審，對體系中不切合實際或規定不合適之

處進行及時的修改，在一系列修改後，發佈第二版質量手冊、程序文件，進行正式運行。

第四階段：模擬審核，提出認證申請

步驟九　模擬審核

為了減少一次通過認證可能存在的某種風險，在由第三方正式審核之前，可以由內部審核組成類似的外部機構進行一次模擬審核或請已確認的認證機構進行預審。

步驟十　企業選擇對自己有利的認證機構

選擇認證機構一般應從以下幾個方面考慮：客戶要求；企業所在地區；認證機構的認證範圍和有效性；費用。

第五階段：正式審核，體系維持與不斷改進

步驟十一　接受正式審核

步驟十二　體系維持與提高

通過定期開展的內審及管理評審，維持和不斷改進體系；在體系日常運行中加強協調監督工作。

91 如何進行各部門的質量成本管理

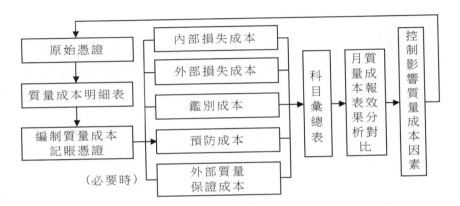

質量成本的管理應遵循以尋求適宜的質量成本為目的，以真實可靠的質量記錄、數據為依據，充分發揮企業各部門的積極性。

步驟一 認真開展質量成本管理的宣傳教育

質量成本管理是一個新課題、新工作，推行時涉及很多部門和人員。因此，必須開展質量成本管理的宣傳、教育和普及工作，讓大家理解和支援質量成本管理工作。

對從事質量成本管理的人員要進行專門培訓。培訓的內容應包括：質量成本項目的構成，質量成本數據的收集，質量成本的統計、核算、分析、報告、計劃和控制方法等。

步驟二　建立質量成本核算、統計、管理組織體系

實施質量成本管理必須要有組織保證。因此，依據質量成本管理需要，應確定各有關部門的專兼職質量成本核算、統計和管理人員，並明確其職責和任務。

步驟三　制訂質量成本管理的標準或制度

制定開展質量成本管理的程序，規定質量成本原始記錄表格內容與格式，建立質量成本管理的評審制度或標準。

步驟四　編制質量成本計劃

質量成本計劃是指為達到適宜的質量成本而籌劃的各種措施。每個推行質量成本管理的部門和單位必須編制質量成本計劃並付諸實施，逐漸使質量成本進入控制階段。質量成本計劃應規定質量成本目標、採取的具體措施以及檢查與考核的指標等。要求目標定量，措施有力，具有可行性。

步驟五　質量成本的統計、計算和分析

規定質量成本核算期後，就收集有關質量成本的數據資料，同時按規定時間進行質量成本各二級科目與三級科目的統計、計算，匯總填報。根據質量成本統計匯總報表，企業財務和品質管制部門應做出質量成本的趨勢分析，編寫質量成本報告。

步驟六　定期對質量成本進行考核

一般應每月對質量成本考核一次，必要時還可每一季重新考核一次。考核後，其質量成本的控制狀況應與責任制掛鈎。

步驟七 提出質量改進計劃和措施

　　企業領導及有關部門應根據質量成本報告，結合企業具體情況，確定以質量改進目標為核心的質量改進計劃及相應的質量改進措施，並組織落實負責部門和進度，完善質量體系文件。

步驟八 執行質量改進計劃和措施，降低質量成本，提高經濟效益

　　認真執行質量改進計劃和措施，以達到降低質量成本和提高效益的目的，然後再制訂新的一年質量成本計劃。

92 六西格瑪管理的實施步驟

　　六西格瑪管理影響到企業員工的文化變革，專注於顧客滿意度，並由此帶來更好的產品和服務。它是一個永不停息的過程，它由六個步驟組成：確立需要改進的問題和度量指標；建立一支精幹的改進團隊；辨識問題的潛在原因；探究根本原因；使改進措施長期化；展示改進成果。

步驟一 確立問題和度量指標

　　明確需要改進的問題應滿足三個標準：辨識將要改進的問題可能產生的影響；界定需改進問題的範圍；傳達共識。

　　企業中同交付產品或服務有關的所有互動活動都會對顧客產生

影響，要研究在什麼情況下這些影響是不盡如人意的。這些影響實際上是業務流程上游的原因所導致的結果，企業改進項目的目標就是找出這些原因，並據此改進辦事方式。改進的方法是把質量融入其中，辦法是採用「WHY」法，不斷詢問為什麼，直到問題便於理解、可以改進為止。例如，某家公司，每個人都希望電腦在使用過程中不出問題。當問題出現時，他們希望管理資訊系統(MIS)部門立即將其修復。該公司沒有足夠的 MIS 資源來滿足立即修復的要求。相反，更為切合實際的期望是要求 MIS 部門在 15 分鐘內的期限內解決問題。於是，MIS 部門的運營問題應該界定為 20%的故障修復請求需要 15 分鐘以上解決。這樣，度量指標就必須來自所界定的運營問題。如果你的運營問題是 20%的故障修復請求需要 15 分鐘以上解決，那麼，你所建立的度量指標就應該是缺陷率，即花費 15 分鐘以上時間修復故障的請求數量除以所處理的故障修復請求總數。

在傳達共識方面，企業必須展示改進措施對企業成功有何貢獻，還必須和顧客達成共識，讓他們理解到企業所做的事是正確的，並給予積極配合。

步驟二 建立改進團隊

開始實施六西格瑪項目時，必須排定改進行動的優先次序。要建立團隊，著手消除顧客的不滿。六西格瑪項目一旦確立並順利運行(通常為項目發起後 6～9 個月)後，有效的團隊就必須到位。此時，調整的重點從指派團隊成員解決問題，轉變為安排問題給團隊成員解決。

在建立團隊之前，必須獲得各級管理者的共識。高層主管必須認識到，支援團隊協作，就是支持企業文化的建設。經理人必須意識到他們必須願意反思自己領導下屬的方式。組建團隊時，必須正確地組合具有不同教育背景、經歷和知識的人員。必須訓練團隊成員掌握改

進工具以及成功運用工具的方法。團隊成員應該由 3～8 人組成，其中包括團隊領導。團隊擴大到 10 名成員後，最好將其分解為 2 個小團隊。這是因為，團隊超過 10 人後，某些團隊成員會陷入沉寂，不再為團隊活動或成功出力。提倡平衡參與至關重要，平衡參與就是認識到每個成員的利益都跟集體的成就息息相關，因此，每個人都應該參與討論、決策，並分享項目的成功。當每個人的才智都得到發揮，每個人都明白自己在產生具體結果中所起的作用時，團隊效率是最高的。

步驟三 辨識問題的潛在原因

　　辨識問題潛在原因的最佳方法是畫流程圖。有兩種基本的流程圖畫法：線形流程圖和部門間流程圖。這兩種方法首先都要提出現有狀況。然後，需要確定應有狀況。在繼續六西格瑪的隨後步驟前，必須重整系統，將其從現有狀況轉為應有狀況。下面的例子說明某工作團隊如何將其系統從現有狀況重整到應有狀況。

　　內部測試實驗室必須完成可靠性條件測試，才能將新的電子元件投放市場。這是歷經數月的產品開發後重要的步驟。切合實際的週期確定為 60 天，這包括必須進行一段時間的壓力測試。換句話說，60 天是顧客的期望，而實驗室未能始終如一地滿足顧客的期望。該工作團隊於是通過可靠性實驗室，創建了處理可靠性測試的現有狀況流程圖。他們首先觀察到的是，測試部件等待測試計劃、測試台和可用設備，浪費了大量時間。他們於是將討論集中在延遲現象和現象出現的原因上。

　　該團隊安排了產品工程部門人員參加的聯席會議。當問到測試計劃時，產品工程部的人員指出，可靠性實驗室只有 5 套不同的測試計劃，當工程部門將測試部件送交給可靠性實驗室時，他們才決定要使

用的測試計劃，這樣無形中拖延了測試時間。當問及是否有辦法讓實驗室事先得到何時提交測試部件的通知時，產品工程人員回答說，他們一直都有若干產品等著設計和開發，大家都熟悉那些產品部件何時需要提交實驗室。然而，可靠性實驗室卻是不知道的。經過分析，浪費時間的原因找到了，大家一致同意，以後每週向實驗室調度員送交一份報告，事先告知需要測試的部件，以便提前做好測試準備，這樣就縮短了測試時間。

步驟四　探究根本原因

　　六西格瑪項目往往要花費好幾個月，才能發現所有根本原因，達到實施解決方案並獲得想要的結果。因此，探詢潛在的根本原因需要一個重點突出的行動計劃。有效的行動計劃包括 4 個組成部份：需要做什麼；由誰去做；何時安排去做；行動事項，特別是超期事項的狀況如何。

　　隨著團隊探究根本原因的過程不斷深入，他們會發現其他需要做的新事情和必須收集的新資訊。收集新資訊的工具是核查單，其目的是確定你打算收集什麼樣的數據，到那裏去收集數據，以及用多長時間收集數據。你應該很好地瞭解，怎樣依據數據所顯示的資訊決定自己的行動。這將有助於瞭解去何處收集數據。另外，還必須事先確定如何傳達資訊。

步驟五　持續改進

　　成功實施六西格瑪的關鍵在於以顧客為中心。持續改進有助於很好地滿足顧客的各種需求。如果企業已經知道顧客的需要，卻沒有滿足他們的需要，那麼，就需要跟他們聯繫，以確定團隊的關注點，一旦團隊專注於顧客滿意度，所有運用六西格瑪方法的人員的工作也會

得到改善，企業內部的衝突和矛盾也就會大大減少。

步驟六　展示改進成果

　　在啟動六西格瑪項目之前，企業必須陳述並傳達目標，以指導團隊活動。高層管理者提出的目標通常包括：增加市場佔有率；降低製造成本；增加新產品引入；縮短產品交付和服務回應的週期；提高利潤；提升產品、服務以及行政職能的質量。每個團隊所確定的目標必須與公司總目標相一致，使自己的項目對公司目標產生積極影響。

　　在六西格瑪實施過程中，要隨時對團隊加以肯定，對實施成果加以展示和宣傳，要讓團隊成員有一種自豪感，使他們看到自己的工作成果對部門和企業的貢獻。作為企業管理者，除了給員工以物質和精神獎勵外，還可以利用其他形式，對團隊所取得的成就表示肯定。例如給每個團隊一塊公告牌，以顯示他們的活動和進展。另外，在平常安排的月會議中，要為一兩個團隊安排 5—10 分鐘時間，讓他們介紹項目的最新情況，如果你有內部通訊刊物，可開闢一個欄目，突出報導團隊的活動和成就。也可以時不時地走訪各個六西格瑪團隊召開的會議，看看他們在做些什麼，給予一些口頭表揚和鼓勵。也要瞭解團隊成員的作息日程，跟他們一起共用休憩時光。

　　按照上述步驟實施六西格瑪項目後，企業的運營問題就會得到解決，員工的士氣會得到提高，並達到追求精益求精的境界。

93 產品研發過程管理

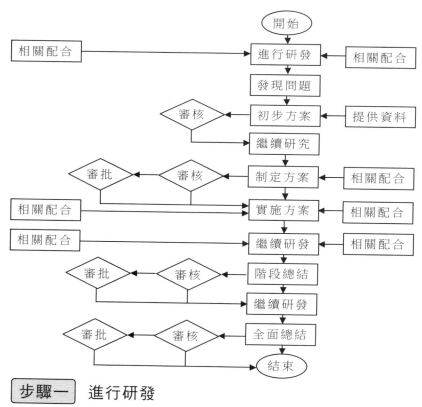

步驟一 進行研發

(1)流程

・ 產品研發部著手實施研發工作

・ 相關職能部門和生產單位進行必要的配合

・ 必要時請外部有關研究設計單位進行配合

(2)重點

· 研發工作的實施

(3)標準

· 研發工作的順利進行

【步驟二】 問題初步解決方案

(1)流程

· 產品研發部在研發過程中及時發現各種問題

· 產品研發部根據問題，擬寫初步解決方案

· 初步解決方案報技術總監審批，並提出自己的意見和建議

· 產品研發部根據技術總監的意見，繼續完善解決方案

(2)重點

· 初步解決方案的編寫

(3)標準

· 發現問題及時，初步解決方案編寫及時

【步驟三】 制定正式方案

(1)流程

· 產品研發部編制解決問題的正式實施方案

· 在編制方案過程中，各有關職能部門和生產單位進行配合

· 實施方案報技術總監審核

· 實施方案報總裁審批

(2)重點

· 正式解決方案的制定

(3)標準

· 研發過程中的問題得到及時、有效的解決

步驟四 解決方案實施

(1)流程

・ 解決問題的實施方案經總裁審批後，由產品研發部組織實施
・ 實施過程中各有關職能部門和生產單位配合，必要時請外部
  有關單位進行配合
・ 問題解決後，產品研發部繼續按計劃進行研發工作
・ 各有關職能部門和生產單位配合，必要時請外部有關單位進
  行配合

(2)重點

・ 產品研發過程中問題的解決

(3)標準

・ 產品研發過程中的問題得到及時、徹底、全面的解決

步驟五 編寫階段總結

(1)流程

・ 依據產品研發計劃，產品研發每一階段，由產品研發部擬寫
  階段總結報告
・ 階段總結報告報技術總監審核
・ 階段總結報告報總裁審批
・ 階段總結報告經總裁審批後，產品研發部繼續組織研發工作

(2)重點

・ 階段總結報告的編寫

(3)標準

・ 階段總結報告及時、全面、客觀

步驟六　**編寫全面總結**

(1)流 程

・ 研發工作完成後，由產品研發部編寫全面總結報告，總結研發過程中的經驗教訓

・ 全面總結報告報技術總監審核

・ 全面總結報告報總裁審批

(2)重 點

・ 全面總結報告的編寫

(3)標 準

・ 全面總結報告及時、全面、客觀

94 企業產品研發驗收流程

步驟一　**提出驗收申請**

(1)流 程

・ 研發工作完成後，產品研發部向公司鑑定委員會提出驗收申請

・ 公司鑑定委員會接收產品研發部的驗收申請

・ 公司鑑定委員會組織新產品驗收工作

・ 產品研發部提供有關研發的數據、資料

・ 相關職能部門配合驗收工作的開展

(2) 重點

· 新產品驗收的組織工作

(3) 標準

· 新產品驗收組織工作及時

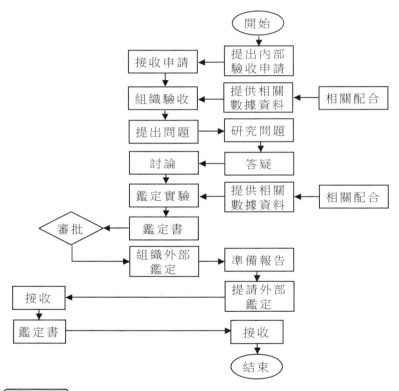

步驟二 驗收質疑的答覆

(1) 流程

· 公司鑑定委員會根據產品研發部提供的有關數據、資料，就
  有關問題提出質疑

· 產品研發部認真研究鑑定委員會提出的問題

· 產品研發部對鑑定委員會的問題進行解答

· 公司鑑定委員會對產品研發部的回答進行討論

(2) 重點

· 鑑定委員會與產品研發部之間的質疑與答疑

(3) 標準

· 產品研發部的答疑得到鑑定委員會的認可

步驟三 鑑定實驗

(1) 流程

· 鑑定委員會組織對新產品的實驗工作

· 產品研發部提供相應的數據、資料

· 相關職能部門配合實驗的進行

· 鑑定委員會出具鑑定書

· 鑑定書報總裁審批

(2) 重點

· 進行產品的鑑定實驗

(3) 標準

· 產品鑑定實驗的及時、準確

步驟四 外部鑑定

(1) 流程

· 公司鑑定委員會組織新產品的外部鑑定工作

· 產品研發部編寫公司新產品驗收報告

· 驗收報告報鑑定委員會審核

· 驗收報告報總裁審批

· 產品研發部向外部相關驗收機構提請驗收申請

‧ 外部相關驗收機構接受公司的申請

(2)重點

‧ 提請外部鑑定

(3)標準

‧ 公司新產品的驗收申請得到外部相關驗收機構的接受

步驟五 產品外部驗收

(1)流程

‧ 外部相關驗收機構對新產品進行鑑定

‧ 外部相關驗收機構對有關問題提出質疑

‧ 產品研發部對有關問題進行答疑

‧ 外部相關驗收機構對新產品進行討論

‧ 外部相關驗收機構通過新產品的驗收

‧ 外部相關驗收機構出具產品鑑定書

‧ 產品研發部接收鑑定書，並存檔妥善保管

(2)重點

‧ 外部相關驗收機構的驗收

(3)標準

‧ 新產品通過外部驗收

95 運輸管理流程

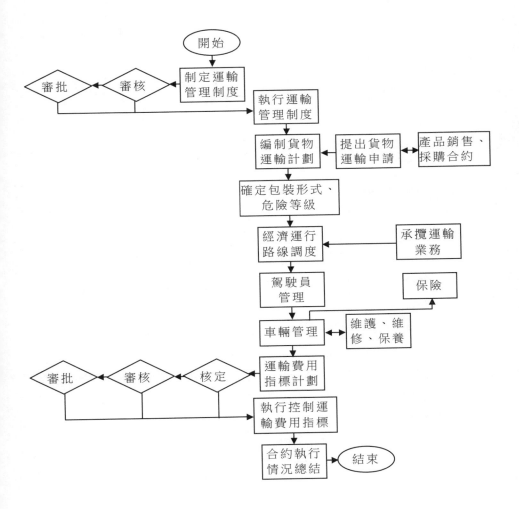

步驟一 制定運輸管理制度

(1)流程

- 物流中心編制公司運輸管理制度，經供應部部長審核後，報企劃部和領導審定

- 經分管總監審核、總裁審批後，由物流中心具體執行公司運輸管理制度

(2)重點

- 收集各單位對原有運輸制度修改的建議

(3)標準

- 修訂的運輸管理制度

步驟二 編制貨物運輸計劃

(1)流程

- 原材料採購和供應等部門和下屬單位，依據物資和原材料採購計劃，編制運輸計劃，報物流中心進行平衡、匯總

- 銷售部門依據產品銷售計劃，編制運輸計劃，報物流中心進行平衡、匯總

- 物流中心依據各部門和下屬單位報來的運輸計劃，合理調配車輛和人員，完成貨物運輸工作

- 安排運輸計劃時，應充分瞭解貨物的性質、包裝方式，是否屬於危險品，是否需要其他運管證件等工作

(2)重點

- 有毒、危險化學品的運輸，按有關規定執行

(3)標準

- 需攜帶的有關資料、文件和證件

步驟三　運輸車輛調度

(1) 流程

- 依據貨物運輸的期限、距離、包裝類型、回途載運能力等，以及它們之間的關係，合理調配車輛，努力降低運輸成本
- 物流中心負責為駕駛員開具車輛調度單，認真填寫 相關內容
- 依據運輸管理制度，物流中心可派車輛組織承攬社會運輸工作，收取合理的運費，並進行財務結算，實現運輸公司的創收

(2) 重點

- 合理合法組織經營活動

(3) 標準

- 車輛調度通知單

步驟四　駕駛員管理

(1) 流程

- 物流中心負責對公司駕駛員進行管理，包括駕駛執照管理、交通法規教育、企業文化和制度教育、安全駕駛教育、職業教育等內容
- 按要求對駕駛人員的職業能力進行考核

(2) 重點

- 教育員工遵守交通法規

(3) 標準

- 考核安全駕駛指標

步驟五 車輛管理

(1)流 程

· 物流中心負責完善各種車輛的各類保險業務

· 物流中心按設備管理要求，編制車輛的大、中、小修計劃

· 編制車輛保養、維護計劃

(2)重 點

· 保證車輛安全運行

(3)標 準

· 保持車輛的良好狀態，完成考核指標

步驟六 運輸考核總結

(1)流 程

· 物流中心申報運輸費用指標計劃，按照公司審批權限，經有
  關領導藝術核准、審批後執行

· 嚴格控制運輸費用指標

· 總結年運輸公司工作，不斷改進

(2)重 點

· 運輸公司自負盈虧

(3)標 準

· 考核經營業績完成情況

96 出庫管理流程

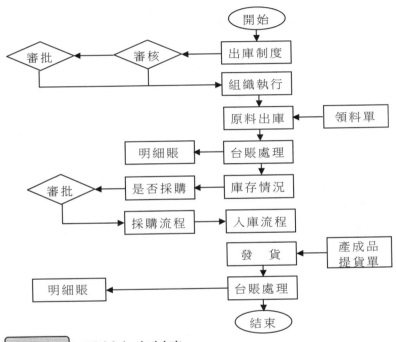

步驟一 編制出庫制度

(1)流程

・公司物資倉庫編制倉庫出庫管理制度

・出庫管理制度報供應部審核

・出庫管理制度報生產總監審批

(2)重點

・出庫制度的編寫

(3) 標 準

‧ 出庫管理制度編寫及時、全面、可行

步驟二　物資出庫管理

(1) 流 程

‧ 出庫制度經主管審批後，由物資倉庫組織執行
‧ 領料者提供單位出具的領料單
‧ 物資倉庫辦理物資出庫手續
‧ 易燃、易爆、易腐蝕物資需有生產部長簽字，方可出庫
‧ 物資倉庫處理物資台賬
‧ 財務部處理物資的相關明細賬

(2) 重 點

‧ 物資出庫手續的辦理

(3) 標 準

‧ 物資出庫各項手續齊全

步驟三　庫存情況檢查

(1) 流 程

‧ 物資倉庫定期檢查各種物資的庫存情況
‧ 供應部根據物資倉庫統計的庫存情況，決定是否需要採購物資
‧ 如需採購物資，報生產總監審批
‧ 經生產總監審批後，供應部執行採購流程
‧ 供應部採購的物資，由物資倉庫執行入庫管理流程

(2) 重 點

‧ 庫存情況的檢查

(3)標準

・ 檢查及時、全面,檢查結果真實

步驟四 產成品出庫管理

(1)流程

・ 相關部門根據需要,提交提貨單
・ 物資倉庫檢查成品庫是否有存貨
・ 如有存貨,物資倉庫按照提貨單的內容提取產成品,辦理相關手續
・ 如沒有存貨,物資倉庫通知生產部組織生產
・ 生產部生產出的產成品,按物資入庫流程進行管理
・ 產成品出庫時,物資倉庫做出相應的產成品台賬處理
・ 產成品出庫時,財務部做出相應的產成品明細賬

(2)重點

・ 產成品出庫各項手續的辦理

(3)標準

・ 產成品出庫各項手續辦理及時、準確

心得欄 _____

_____

_____

_____

_____

_____

97 生產安全目標管理流程

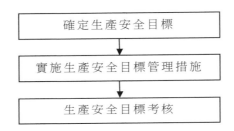

在管理過程中，從目標的確定到決策方案的選擇以及在決策實施過程中進行的協調、控制，都是建立在系統整體性原理基礎上的。目標優化是系統整體性原理的重要內容，要達到優化這一點，就必須把管理系統作為整體進行系統分析，充分發揮作用。

步驟一 確定生產安全目標

在企業中實行安全生產目標管理，首先要將安全生產任務轉化為目標，確定如下目標值：

1. 工傷事故的次數和傷亡程度指標

各企業根據其生產類型的規模大小等因素確定出各類工傷事故應控制發生的次數和傷亡人數。工傷事故指標是安全目標管理中最重要的一項內容，是企業安全工作好壞的標誌。

2. 工傷事故的損失指標

工傷事故造成的損失主要包括：

(1)休工工時的損失。

(2)停工工時的損失。

(3)設備、工具等物資的損失。

(4)工傷治療費用。

(5)需要到外地治療的費用(除床位費、醫療費、陪護費外,還有路費、住宿費、伙食補助費等)。

(6)死亡撫恤費。

(7)其他費用。

3.日常安全管理工作的數據指標

對於日常安全工作如安全教育、安全評比、不安全因素的檢查及整改等,也應轉化為數據目標。可以按其重要性和管理的難易程度人為地給定一個標準分數,按此指標進行管理。

步驟二 實施生產安全目標管理措施

1.安全教育

(1)每月由工廠領導向本工廠全體員工進行一次綜合安全教育,時間不得少於一小時。

(2)每週由班組長向班組員工進行一次綜合安全教育,時間不得少於半小時。

(3)應有專門的安全宣傳陣地,宣傳內容每月應更換兩次。

2.安全檢查

(1)每天應有一名工廠領導上崗進行安全巡查。

(2)每週應由主管安全的副主任、維護組長負責進行一次綜合性的安全大檢查。

(3)每月應由工廠發動群眾進行一次群眾性的安全檢查。

3.不安全因素的整改

根據安全主管部門下達的整改計劃,計劃完成率不得低於 90%。

安全主管部門每月應專門組織 3 次違章檢查,每次檢查工廠的違章率應為零。

4.安全控制點的管理

(1)制度無漏洞。

(2)檢查無差錯。

(3)設備無故障。

(4)人員無違章。

步驟三 考核生產安全目標

1.對企業領導者的考核

對企業領導者的考核,主要是考核企業是否發生死亡事故,如發生了,在經濟上就應受到懲處,一般可直接罰款或扣發其獎金。

2.對主管部門的考核

對主管部門的考核,主要是考核承包的工傷事故指標,其次是考核月份任務完成情況。

工傷事故指標,可按下述原則進行獎懲:

(1)凡發生死亡事故,該部門不得獎金。

(2)凡發生重傷事故,該部門應扣部份獎金。

(3)輕傷事故次數超過目標值時,應扣該部門部份獎金。

(4)事故損失超過目標值時,該部門年終不得嘉獎。

3.對基層單位的考核

對基層單位的考核,主要是考核其承包的工傷事故指標和日常的安全管理工作。現分述如下:

(1)凡發生死亡事故,單位不得獎金,並應給主要領導者降一級薪資,時間為一年;發生重傷事故,應扣部份獎金;發生輕傷事故應根據發生次數的多少酌情扣獎金。

(2)對於基層的日常安全管理，主要考核安全教育、安全檢查、不安全因素整改、違章人次、安全重點部位的管理、安全評比等工作的完成情況，根據考核結果予以獎罰。

98 生產安全檢查管理流程

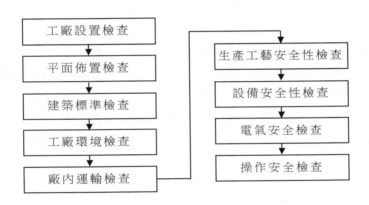

生產安全檢查是消除隱患、防止事故、改善勞動條件，是安全管理工作的重要內容，可以發現企業生產過程中的危險因素，以便有計劃地採取措施，保證安全生產。

步驟一 工廠設置檢查
(1)是否按工業企業衛生標準、防火標準進行設計？
(2)遭受天災(如暴風雨、地震)時有什麼措施？
(3)近處有無發生火災、爆炸、雜訊、大氣污染或水質污染的可能

性?

(4)發生事故時急救單位如汽車站、急救站、醫院、消防隊的聯繫方便與否?效率如何?

(5)工廠「三廢」對環境的影響如何?

步驟二 平面佈置檢查

(1)從單元裝置到廠界的安全距離是否足夠?重要裝置是否設置了圍柵?

(2)裝置和生產工廠與公用工程、倉庫、辦公室、實驗室之間是否有隔離區或處於火源的下風位置?

(3)危險工廠和裝置是否與控制室、變電室隔開?

(4)工廠的內部空間是否按下述事項進行了考慮:物質的危險性、數量、運轉條件、機器安全性等。

(5)裝置週圍的產品出廠與火源的距離及其影響。

(6)貯罐間距離是否符合防火規定?是否具備防液堤和地下貯罐?

步驟三 建築標準檢查

(1)凡有助於火焰傳播和蔓延部份如地板和牆壁開口,通風和冷氣機管道,電梯豎井,樓梯通路等的防火情況,凡是開孔部份其孔口面積及個數是否限制在最少程度?

(2)有爆炸危險的技術是否採用了防火牆?其層頂材料,防爆排氣孔口是否夠用?

(3)出、入口和緊急通道設計數量是否夠用?是否阻塞?有無明顯標誌或警告裝置?

(4)為排除有毒物質和可燃物質的通風換氣狀況如何?包括換氣

風扇、通風機、空氣調節、有毒氣體捕集、新鮮空氣入口位置、排熱風用風門等？

步驟四 工廠環境檢查

(1)工廠中有毒氣體濃度是否經常檢測？是否超過最大允許濃度？

(2)各種管線(蒸氣、水、空氣、電線)及其支架等，是否妨礙工作地點的通路？

(3)對有害氣體、粉塵和熱氣的通風換氣情況是否良好？

(4)原材料的臨時堆放場所及成品和半成品的堆放是否超過規定的要求？

(5)工廠通道是否暢通，避難通路是否通向安全地點？

(6)對有火災爆炸危險的工作是否採取隔離操作？隔離牆是否加強牆壁？窗戶是否做的最小？玻璃是否採用不碎玻璃或內嵌鐵絲網？屋頂或必要地點是否準備了爆炸壓力排放口？

(7)電動升降機是否有安全鉤和行程限制器？電梯是否裝有內部連鎖？

步驟五 廠內運輸檢查

(1)廠內道路是否適於步行、車輛和急救時的安全移動？是否有明顯的標誌和專人管理？

(2)廠內機動運輸車輛有無安全裝置、定期檢修和管理制度？

(3)可燃、易燃液體罐車(包括火車、汽車)在裝卸地點有否接地裝置、安全操作空間和防止操作人員從罐車上墜落的措施？

步驟六 生產技術安全性檢查

(1)對原材、燃料的理化性質（融點、沸點、蒸氣壓、閃點、燃點、危險性等級等）瞭解如何？受到衝擊或發生異常反應時會發生什麼樣的後果？

(2)技術中所用原材料分解時發生的熱量是否經過詳細核算？

(3)對可燃物的防範有何措施？

(4)有無粉塵爆炸的潛在性危險？

(5)對材料的毒性瞭解否，允許濃度如何？

(6)容納化學分解物質的設備是否適用，有何安全措施？

(7)原料在貯藏中的安定性如何？是否會發生自燃、自聚和分解等反應？

(8)對包裝和原材、燃料的標誌有何要求（如受壓容器的檢驗標誌、危險物品標誌等）？

(9)發生火災時有何種緊急措施？

(10)對發生火災爆炸危險的反應操作，採取了何種隔離措施？

(11)技術中的各種參數是否接近了危險界限？

(12)操作中會發生何種不希望的技術流向或技術條件以及污染？

(13)裝置內部會發生何種可燃或可爆性混合物？

(14)對接近閃點的操作，採取何種防範措施？

(15)對反應或中間產品，在流程中採取了何種安全制度？如果一部份成分不足或者混合比例不同，會產生什麼樣的結果？

步驟七 設備安全性檢查

(1)各種氣體管線有那些潛在危險性？

(2)液封中的液面是否保持得適當？

(3)如果外部發生火災會使設備內部處於何種危險狀態？

(4)如果發生火災爆炸的情況，有無抑制火災蔓延和減少損失的必要設施？

(5)使用玻璃等易碎材料製造的設備是否採用了強度大的韌性材料，未用這種材料時應採取何種防護措施，否則是否會出現危險？

(6)是否在特別必要的情況下才裝設視鏡玻璃？在受壓或有毒反應容器中是否裝設耐壓的特殊玻璃？

(7)緊急用閥或緊急開關是否易於接近操作？

(8)重要的裝置和受壓容器最後的檢查期限是否超過日期？

(9)是否考慮了防靜電措施？

(10)對有爆炸敏感性的生產設備是否進行了隔離？是否安設了遮罩物和防護措施？

(11)壓力容器是否進行了外部檢查、有無損探傷和耐壓試驗？

步驟八　電氣安全檢查

(1)電氣設備是否符合國家標準（按照生產上的要求分類）？

(2)對電氣系統的設計是否進行了最簡便、最合理的佈置？

(3)有無防止超負荷和短路的裝置？

步驟九　操作安全檢查

(1)各種操作規程、崗位操作、安全守則等準備情況如何？是否定期或在技術流程、操作方式改變後進行過討論、修改？

(2)操作人員是否受過安全訓練，對本崗位的潛在性危險瞭解的程度如何？

(3)開、停車操作規程是否經過安全審查？

(4)特殊危險作業是否專門規定一些制度（如動火制度等）？

⑸操作人員對緊急事故的處理方法受過訓練沒有？

⑹員工對使用安全設備、個人防護用具等是否熟練？

⑺日常進行的維護檢修作業，會發生什麼樣的潛在性危險？

⑻定期安全檢查和點檢制度執行情況如何？

99 機械設備安全管理流程

　　為確保機械設備可靠性，應進行必要的預防性維修，可靠性的程度就能進一步提高。

　　步驟一　保證人機操縱的安全性

　　在人精力不集中，發生誤操作等情況下，為確保人和機器生產時的安全，也就是要保證人-機系統的安全，最關鍵的是要使機器本身達到「本質的安全化」。

　　人是通過操縱機器而從事生產的，人在操作中姿勢正確與否是和人-機關係相配合的，且給人的疲勞帶來直接影響。操作者產生疲勞就容易發生事故。因此，從減少人的疲勞和降低事故率的角度來說，對機器調節操縱的部位多，且這些部位相距遠，操縱動作的運動距離長的操縱部份適當集中；儀錶盤和操縱按鈕的設計佈局，應使操縱者不至於發生觀察錯誤，並對環境要進行適當的色彩調節，使人易於因條件反射進行動作。

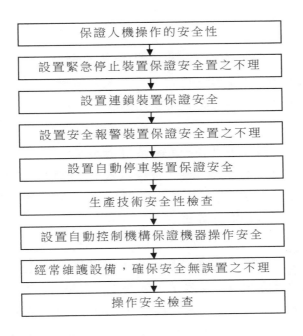

| 保證人機操作的安全性 |
| 設置緊急停止裝置保證安全置之不理 |
| 設置連鎖裝置保證安全 |
| 設置安全報警裝置保證安全置之不理 |
| 設置自動停車裝置保證安全 |
| 生產技術安全性檢查 |
| 設置自動控制機構保證機器操作安全 |
| 經常維護設備，確保安全無誤置之不理 |
| 操作安全檢查 |

步驟二 設置緊急停止裝置保證安全

在生產過程中，有時發生機器失調狀況，而會有作業人員超出正常狀態的情況。當出現這種情況瞬間，可能發生大事故。

因此，應在機器上安裝緊急停車裝置，用來迅速切斷機器的動力源，同時還須安置制動裝置，使機器迅速消耗和放出因慣性運動產生的能量。

步驟三 設置連鎖裝置保證安全

採用連鎖裝置可保證不同系統運轉的順序，即便在誤操縱情況下，也不致發生事故。例如 A、B 兩系統，先 A 後 B 這樣的運轉順序為正常程序控制，若先 B，則系統不可能運轉。因此，連鎖裝置是在

程序控制系統中保證安全必不可少的裝置。

步驟四 設置安全報警裝置保證安全

採用指示燈和閃光燈警告已發生的人為障礙，或機器故障；在人們的視覺達不到的機器上時則可使用蜂鳴器報警。

步驟五 設置自動停車裝置保證安全

從報警到處理有一時間差，往往還來不及處理，事故就發生了。因此，當不安全狀態（機器不正常運轉）已發生時，應有自動停車裝置，切斷電源，自動緊急剎車。

步驟六 設置自動控制機構保證機器安全性

在人機生產系統中，無論是人或機，那方面出了毛病都會造成事故。所以在大批量生產中，希望機器不停頓，保證生產的連續性，使機器按規定指令進行生產而不需要人去控制，就必須採用自動控制機構。

步驟七 經常維護設備，確保安全無誤

在進行大規模工業生產中，機器功能下降或帶故障工作，意味著潛在危險，孕育著事故。因此，對機器必須進行經常性或定期檢查和維護，特別是對自控機床，以確保機器的完好率。

機器在使用中保證正常運轉的維護措施：

(1)易於腐蝕部位，採用耐腐蝕材料。

(2)提高易損壞零件的互換性。

(3)對重要部件，必須用儀錶經常測量，發現異常及時排除。

(4)保證良好的潤滑狀態。

100 工裝夾具管理辦法

　　為使生產部門因生產、維修等所需的工裝夾具管理有章可循，特制訂本辦法。本辦法適用於本部門所有工裝夾具管理。

步驟一　製作申請

(1)製作。

①新產品研發試製時。

②技術改變需增加時。

③生產訂單增加，需擴大生產規模時。

④原有工裝夾具、測試工裝已損壞、失效不可再用時。

⑤其他原因導致必須增加工裝夾具、測試工裝時。

(2)申請流程。

①使用部門填寫「工裝夾具申請單」，註明申請理由、用途及需要時間。

②生產部經理審核申請單後，轉交產品部、生產部工程組。

③生產部工程組負責工裝夾具設計製造，並與申請部門檢討修改、確認。

④產品部進行電子、軟體測試工裝開發設計，並與申請部門檢討修改、確認。

⑤設計方案確定並經生產部經理核准後進行加工製作或外發加工。

步驟二 加工製作

⑴生產部工程組依設計方案提出零件採購需求。

⑵零件購入後，生產部工程組負責依設計方案製作工裝夾具；電子檢測工裝由生產部工程組與產品部共同製作。

⑶無法加工的工裝夾具可委外加工，由生產部工程組申請並經生產經理核准後，由生產部工程組聯絡供應商加工。

⑷工裝夾具製成後，應由生產部工程組會同使用部門作驗收鑑定，以檢驗加工後製品的規格是否符合要求；電子、軟體測試工裝由生產部工程組、產品部、品管部會同使用部門驗收鑑定設計是否滿足生產品質需要。

步驟三 維修改造及驗收

⑴使用部門填制工裝夾具維修申請單，說明申請理由及需要時間。

⑵生產部主管審核申請單後，轉生產部工程組改造或由產品部進行電子工裝改造。

⑶工裝夾具由生產部設備組維護、維修，生產部工程組負責改造工作；電子、軟體檢測由產品部負責維護、改造工作。

⑷工裝夾具修改後由工程組與使用部門檢討，生產部經理確認維修、改造方案；電子、軟體測試工裝由生產部工程組、產品部、品管部會同使用部門作共同驗收鑑定，判斷其設計是否滿足生產品質需求。

⑸對無法加工的零件可申請外發加工，對部份零件可申請購買。

⑹工裝夾具維修、改造後由生產部工程組會同使用部門驗收鑑定；電子、軟體檢測維修、改造後由生產部工程組、產品部、品管部

會同使用部門驗收鑑定。

步驟四　工裝夾具報廢

(1)報廢。

①夾具、測試工裝因破損或耗損，已無法使用且不能修理時。

②產品已停止生產，而夾具、測試工裝又不能轉作他用時。

③因設計變更，原有夾具、測試工裝已不適用，且又不能轉作他用時。

④因生產技術變更，原有工裝夾具、測試工裝已不適用，又不能轉作他用時。

⑤其他原因導致工裝夾具已無法使用必須報廢時。

(2)廢棄流程。

①使用部門提出「工裝夾具報廢申請單」，須經生產部經理審核。

②生產部設備組人員對申請報廢的工裝夾具、測試工裝進行確認，須屬實並記錄。

③由生產部設備組處理報廢的工裝夾具，回收可利用的零件或材料。

步驟五　夾具、測試工裝管理

(1)「工裝日常點檢表」在工裝製作完成時編制。

(2)由生產部設備組負責工裝歸檔、維護、管理、記錄。

101 模具維護保養規定

使設備能保持最佳的性能狀態和延長使用壽命，確保生產的正常進行。

適用於本公司各種注塑模具的維護保養工作。

第一章　職責

1. 本標準必須由培訓合格的注塑技術人員和模具管理人員施行。
2. 注塑領班負責實施和檢查督導，主管定期督導。

第二章　管理規定

1. 生產前模具的保養

⑴須將模具表面的油污、鐵銹清理乾淨，檢查模具的冷卻水孔是否有異物，是否有水路不通。

⑵須檢查模具膠口套中的圓弧是否損傷，是否有殘留的異物。

⑶模具的固定範本的螺絲和鎖模夾是否擰緊等。

⑷模具裝上注射機後，要先進行空模運轉，觀察其各部位運行動作是否靈活，是否有不正常現象，活動部位如導柱、頂杆、行位是否磨損，潤滑是否良好，頂出行程、開啟行程是否到位，合模時分型面是否吻合嚴密等。

2. 生產中模具的保養

⑴模具使用時，要保持正常溫度，不可忽冷忽熱。在正常溫度下工作，可延長模具使用壽命。

⑵每天檢查模具的所有導向的導柱、導套、回針、推杆、滑塊、型芯等是否損傷，要隨時觀察，定時檢查，適時擦洗，並要定期對其

加油保養,每天上下班保養兩次,以保證這些滑動件運動靈活,防止緊澀咬死。

⑶每次鎖模前,均應注意檢查,型腔內是否清理乾淨,絕對不准留有殘餘製品,或其他任何異物,清理時嚴禁使用堅硬工具,以防碰傷型腔表面。

⑷型腔表面有特殊要求的模具,表面粗糙度Ra小於或等於0.2釐米的,絕對不能用手抹或棉絲擦,應用壓縮空氣吹,或用高級餐巾紙和高級脫脂棉蘸上酒精輕輕地擦抹。

⑸定期清潔模具分型面和排氣槽的異物如膠絲、油物等,分模面、流道面清掃每日兩次。注射模在成型過程中往往會分解出低分子化合物腐蝕模具型腔,使得光亮的型腔表面逐漸變得暗淡無光而降低製品品質,因此需要定期擦洗,擦洗可以使用醇類或酮類製劑,擦洗後要及時吹乾。

⑹定期檢查模具的水路是否暢通,並對所有的緊固螺絲進行緊固。

⑺檢查模具的限位開關是否異常,斜銷、斜頂是否異常。

3.停機模具的保養

⑴操作離開需臨時停機時,應把模具閉合上,不讓型腔和型芯暴露在外,以防意外損傷,停機時間預計超過24小時的,要在型腔、型芯表面噴上防銹油或脫模劑,尤其在潮濕地區和雨季,時間再短也要做防銹處理,因為空氣中的水汽會使模腔表面品質降低,製品表面品質下降。模具再次使用時,應將模具上的油去除,擦乾淨後才可使用,有鏡面要求的要用清洗壓縮空氣吹乾後再用熱風吹乾,否則會在成型時滲出而使製品出現缺陷。

⑵臨時停機後開機,打開模具後應檢查滑塊限位是否移動,未發現異常才能合模。總之,開機前一定要小心謹慎,不可粗心大意。

⑶為延長冷卻水道的使用壽命，在模具停用時，應立即用壓縮空氣將冷卻水道內的水清除，用少量機油放入咀口部，再用壓縮空氣吹，使所有冷卻管道有一層防銹油層。

⑷工作中認真檢查各控制部件的工作狀態，嚴防輔助系統發生異常、加熱，控制系統的保養對熱流道模具尤為重要。在每一個生產週期結束後，都應對棒式加熱器、帶式加熱器、熱電偶用歐姆進行測量，並與模具的技術說明資料相比較，以保證其功能的完好。與此同時，控制回路可透過安裝在回路內的電流錶測試。抽芯用的液壓缸中的油盡可能排空，油嘴密封，以免在儲運過程中液壓油外洩或污染週圍的環境。

⑸在生產中聽到模具發出異聲或出現異常，應立即停機檢查。模具維修人員對工廠內正常運行的模具，要進行巡迴檢查，發現有異常現象時，應及時處理。

⑹操作工在交接班時，除了交接生產、技術緊要關鍵記錄外，對模具使用狀況也要有詳細的交代。

⑺當模具完成製品生產數量，要下機更換其他模具時，應將模具型腔內塗上防銹劑，將模具其附件送交模具保養員，並附最後一件生產合格的製品作為樣件一起送交保養員。此外，還應送交一份模具使用清單，詳細填寫該模具在什麼機床上，從某年某月某日，共生產多少數量製品，現在模具是否良好。

若模具有問題，要在使用單上填寫該模具存在什麼問題，提出修改和完善的具體要求，並交一件未處理的樣品給倉管員，留給模具工修模時參考。

⑻停機後須檢查模具的表面是否有殘留的膠絲、異物等，將其清理乾淨後均勻噴上防銹劑，準確填寫相關記錄。

4.每季的例行檢查

主要是對放置兩個月以上沒有使用的模具進行清理維護。

⑴打開模具，檢查內部防銹效果，有異常情況，須重新進行防銹處理，長期不使用的模具須塗抹黃油。

⑵放回原位並做好記錄。

5.模具的存放。

⑴應設立模具庫，設專人管理，並建立模具檔案，有條件的話要對模具實行電腦管理。

⑵模具庫應選擇潮氣小通風的地方，相對濕度應保持在70%以下，若相對濕度超過70%，則模具很容易生銹。模具應上架存放，注意防腐蝕，防塵等。

心得欄

102 模具與治具管理流程

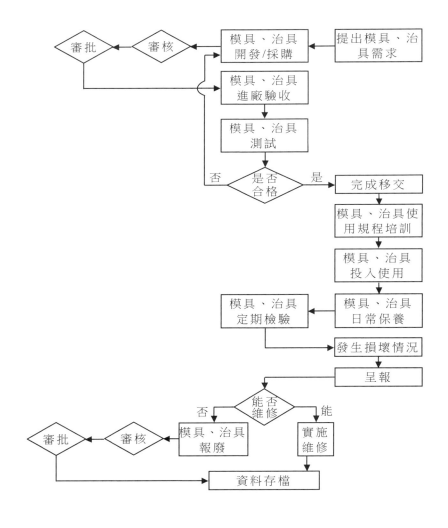

第 1 章　總則

第 1 條　為了規範模具的製作、使用、保養、報廢等管理工作，以保證生產效率及產品品質，特制定本制度。本制度適用於本工廠所有的模具的管理工作。

第 2 章　模具製作或修理

第 2 條　因生產需求而製作或修理模具時，由模具管理員(以下簡稱管理員)填寫製作或修理申請，上報工程部主管審核，經理核准；核准後，由工程部負責與承接商接洽製作或修改事宜。

第 3 條　新制、修理、外借的模具配件送到工廠後，首先由管理員核對其數量、品名、規格是否與相應申請單相符，檢查各部位有無不良狀況。

第 4 條　新制、修理模具須由管理員進行試模，試模之產品由管理員初檢，若不良再由工程部主管審核確認，不合要求或有品質問題的，則將模具退回承制商修改。

第 3 章　建立模具檔案

第 5 條　模具管理員編制模具一覽表及模具履歷表，為每副模具建立完整的領還記錄，模具編號依據製作廠商的編號制定。

第 6 條　工廠所有測試均由工程部製作和統一編號，並登錄在一覽表中。

編號：

編號	治具名稱	數量	規格	備註

第 4 章　模具的使用管理

第 7 條　管理員根據生產所需發放模具,同時將所發放模具的規格及數量填寫在模具、治具日常領取與歸還記錄表中,模具如有損傷由工程部負責維修。

第 8 條　外借模具時,由管理員填寫模具外借申請單(須註明借出、借進),經部門主管審查和經理核准後方可借出。模具的規格、數量須填寫在模具借用與歸還記錄卡及模具履歷表中。

借進的模具也應記錄在模具履歷表中,註明借進、歸還的時間、數量等,以便追蹤管理。

模具借用與歸還記錄卡

序號	模具名稱	規格	數量	單位	借用日期	歸還日期
1					年　月　日	年　月　日
2					年　月　日	年　月　日
3					年　月　日	年　月　日
……						
＿＿＿組＿＿＿班				借用人簽名:		

第 9 條　在使用單位及外借廠商負責人歸還模具時,管理員負責檢查模具的狀況,檢查項目主要包括以下四個方面。

1. 尺寸與模具圖是否相符。
2. 配件數量及規格。
3. 各部位配合是否良好。
4. 模具及配件有無損傷。

第 5 章　模具的養護與報廢

第 10 條　模具由管理員每週一、週四各保養一次,並記錄於模具日常保養記錄表中。

第 11 條　模具的保養項目主要包括以下四個方面。

1. 模具配件檢查。

2. 各部件功能檢查。

3. 外觀清潔保養及檢查。

4. 加潤滑油或防銹油。

第 12 條　對於因損傷而無法修理的模具，由管理員填寫模具、治具報廢申請單，經工程部主管確認和經理核准後予以報廢。報廢品由模具管理員統一放置並做好標識，由經理決定處理方法。

103 設備維護管理流程工作標準

步驟一　定期檢查維護設備

(1) 流程

· 生產部根據設備使用的相關說明，提出設備維護期限（2個工作日內）

· 設備維修單位定期檢查各種設備的運行情況（按規定時限）

· 設備維修單位定期對各種設備進行維護（按規定時限）

· 生產部對設備維護提供相應的技術支援（隨時）

(2) 重點

· 定期對各種設備進行維護

(3) 標準

· 設備維護及時、全面

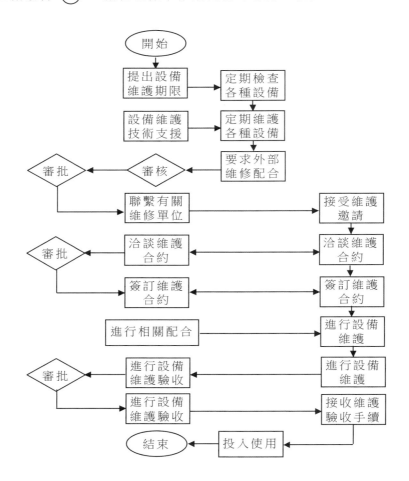

步驟二 聯繫外部維修單位

(1)流程

・對於不能自行維護的設備，設備維修單位提出邀請外部維修單位配合(1個工作日內)

・生產部進行審核(1個工作日內)

- 要求報生產總監審批（1個工作日內）
- 生產部聯繫有關外部維修單位（2個工作日內）
- 外部維修單位接受邀請

(2) 重點
- 提出外部維修單位參與維護的要求

(3) 標準
- 受邀請的外部維修單位誠信、可靠

【步驟三】 簽訂維護合約

(1) 流程
- 生產部與相關外部維修單位進行設備維護合約的洽談（依情況定）
- 生產總監審核合約的各項條款（1個工作日內）
- 生產部與相關外部維修單位正式簽訂設備維護合約

(2) 重點
- 與外部維修單位的合約簽訂

(3) 標準
- 合約簽訂及時，無違反法律及公司利益之處

【步驟四】 設備維護

(1) 流程
- 外部相關維修單位按合約規定條款對設備進行維護（按合約規定時限）
- 生產部和公司設備維修單位對維護工作給予相應的配合（隨時）
- 外部相關維修單位提出設備維護驗收申請

‧ 生產部進行設備維護驗收，公司設備維修單位參與（按合約規定時限）

‧ 生產總監對設備維護進行審批（1個工作日內）

(2) 重點

‧ 設備的維護工作

(3) 標準

‧ 全面按合約條款履行

步驟五　辦理相關手續

(1) 流程

‧ 生產總監審批後，生產部填寫有關設備維護驗收單（1個工作日內）

‧ 相關外部維修單位接收維護驗收單（1個工作日內）

‧ 生產部為相關外部維修單位辦理結算手續（1個工作日內）

‧ 相關外部維修單位在結算清單上簽字（即時）

(2) 重點

‧ 各項手續的辦理

(3) 標準

‧ 各項手續辦理及時、無差錯

104 設備報廢管理流程

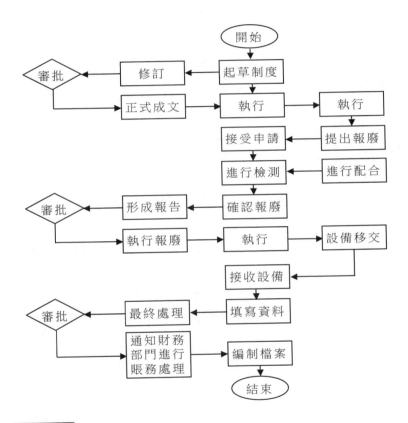

步驟一 制定報廢制度

(1)流程

· 生產部設備管理員起草設備報廢管理制度（2個工作日內）

· 生產部部長對制度進行補充、修訂、完善（1個工作日內）

- 設備報廢管理制度報生產總監審批(1個工作日內)
- 生產部將設備報廢管理制度正式成文下發到各有關部門和單位(1個工作日內)
- 生產部設備管理專員組織制度的執行
- 相關設備使用單位執行設備報廢管理制度

(2)重點
- 設備報廢管理制度的制定與執行

(3)標準
- 制度制定及時、準確,執行全面徹底

| 步驟二 | 設備報廢申請 |

(1)流程
- 設備使用單位向生產部設備管理專員提出設備報廢申請(1個工作日內)
- 生產部設備管理專員對設備進行檢測,設備使用單位進行配合(依情況定)
- 生產部設備管理專員確認設備處於報廢狀態
- 生產部編寫設備報廢報告,全面申訴設備報廢的理由(2個工作日內)
- 設備報廢報告報生產總監審批(1個工作日內)
- 重要設備的報廢按公司審批權限,由總裁或董事會審批報廢(1個工作日內)

(2)重點
- 設備是否處於報廢狀態的確定

(3)標準
- 確定設備報廢及時、準確

步驟三 設備移交

(1)流 程

· 生產部部長下達執行設備報廢的命令(1個工作日內)
· 生產部設備管理專員組織執行設備報廢命令(依命令規定時限)
· 設備使用單位向生產部移交準備報廢的設備(1個工作日內)
· 生產部設備管理專員在移交清單上簽字(即時)

(2)重 點

· 設備移交手續的辦理

(3)標 準

· 設備移交及時,移交單據清楚明瞭

步驟四 設備報廢

(1)流 程

· 生產部設備管理專員填寫有關報廢資料(2個工作日內)
· 生產部部長按審批的意見,組織對設備進行拍賣、轉移、銷毀等處理(2個工作日內)
· 設備報廢處理結果報生產總監審批(1個工作日內)
· 重要設備的報廢處理結果按公司審批權限,由總裁或董事會審批報廢結果
· 生產部通知財務部進行有關設備賬目的處理(1個工作日內)
· 生產部設備管理專員將報廢設備編入設備管理檔案中(1個工作日內)

(2)重 點

· 設備報廢的執行

⑶標準

· 設備報廢執行及時、準確，賬目處理無差錯

105 電氣設備安全管理實施流程

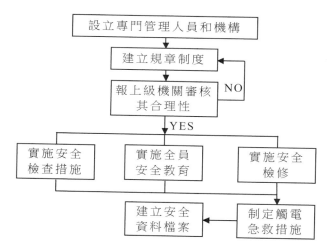

電氣是現場生產的主要能源之一，如果處理不當，不僅設備的傳遞、控制、驅動等過程中會遇到障礙，發生人員傷亡事故和重大損失。

步驟一 設立專門管理人員和機構

為了做好電氣安全管理工作，安全技術部門應當有專人負責電氣安全工作，動力或電力部門也應有專人負責電的安全工作。在條件許可時，可建立全面的、橫向的電工管理組織，這種組織配合安全技術部門，並在其協助下做好電氣安全工作。

步驟二　建立規章制度

建立必要而合理的規章制度，是保障安全、促進生產的有效手段。安全操作規程，運行管理和維護、維修制度及其他規章制度都與安全有直接的關係。

步驟三　實施安全檢查措施

電氣安全檢查包括：檢查電氣設備絕緣有無破損、絕緣電阻是否合格、設備裸露帶電部份是否有防護、屏護裝置，是否符合安全要求、安全間距是否足夠、保護接零或保護接地是否正確可靠、保護裝置是否符合要求、手提燈和局部照明燈電壓是否是安全電壓或是否採取了其他安全措施、安全用具和電氣滅火器材是否齊全、電氣設備安裝是否合格、安裝位置是否合理、電氣連接部位是否完好、電氣設備或電氣線路是否過熱。

步驟四　實施全員安全教育

安全教育主要是為了使工作人員懂得電的基本知識，認識安全用電的重要性，掌握安全用電的基本方法，從而達到安全、有效地使用設備。

步驟五　實施安全檢修

1. 實行工作票制度

在高壓設備上工作需要全部停電或部份停電者，以及在高壓室內的二次回路和照明等回路上的工作，須將高壓設備停電或採取安全措施者，在帶電作業和帶電設備外殼上的工作，在控制盤和配電箱、電源幹線上的工作，以及在無需高壓設備停電的二次接線回路上的工作

等情況下，都應填寫工作票。

2.不停電檢修

不停電檢修工作，在工業企業中主要是在帶電設備附近或外殼上進行的工作和直接在不停電的帶電體上進行的工作。

步驟六 制定觸電急救措施

觸電是電流對人體的傷害，電流對人體的傷害可破壞人的心臟、神經系統、肺部的正常工作，其危害很大。對於觸電的人員應及時、正確地進行搶救。

1.立刻將傷者脫離電源

人觸電後，可能由於痙攣或失去知覺等原因，抓緊帶電體，不能自行擺脫電源。這時，使觸電者儘快用手或金屬物體作為救護工具。

2.採取急救方法

當觸電者脫離電源後，應根據觸電者的具體情況，迅速對症救護。現場應用的主要救護方法是人工呼吸法和胸外心臟擠壓法。應當注意的是，急救要儘快地進行，不能光等候醫生的到來；即使在送往醫院的途中，也不能中止急救。

步驟七 建立安全資料檔案

安全資料是做好安全工作的重要依據。一些技術資料對於安全工作也是十分必要的，應注意收集和保存。對重要設備應單獨建立資料，每次檢修和試驗記錄應作為資料保存，以便查對。設備及人身事故的記錄也應作為資料保存。

電是企業生產的重要能源，同時也是造成安全事故的重要因素，所以要制訂完善的預防措施，並掌握正確的觸電急救知識。

106 防火防爆管理實施流程

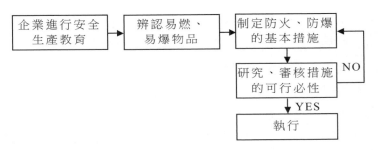

火災和爆炸往往會造成重大的人身傷亡事故和設備事故，是危險性最大，損失最慘重，對這類事故的預防應予以高度的重視。

步驟一 辨認易燃、易爆物品

凡是能引起火災或爆炸的物質均是燃燒爆炸危險物。按照物理、化學性質的不同，危險物品分為以下幾類：

(1)自然物品。這類物品不需外來火源，本身受空氣氧化或外界溫度、濕度的影響，溫度升高達到自燃點就可自行燃燒。如磷、硝化纖維膠片都是自燃品的代表物品。

(2)易燃和可燃固體。如硝化纖維素、瀝青、硫磺、鎂粉等受熱後容易或可以燃燒。

(3)易燃和可燃液體。這類物品容易揮發，與空氣形成爆炸性混合物，引起火災和爆炸。如汽油、酒精、苯、硝基苯等，都是易燃和可燃液體。

(4)可燃及助燃氣體。這類物品受熱、遇到火花或受衝擊能發生燃

燒和爆炸。氫、甲烷。一氧化碳等屬易燃氣體，氧、氯等屬助燃氣體。

(5)爆炸性物品。這類物品在常溫下就可以緩慢分解，經受熱、摩擦、衝擊作用或與某些物質接觸時，能發生強烈化學反應而發生爆炸。屬於這類物品的有雷汞、TNT（三硝基甲苯）、硝化甘油、苦味酸（三硝基苯酸）等。

步驟二 制定防火、防爆的基本措施

由於火災和爆炸的危害極大，必須制定基本措施予以預防：

1. 預防措施

指從工作開始就採取各種措施，消除一切可能造成火災、爆炸事故的根源，控制火源、易燃易爆物和助燃物，防止可燃可爆問題的形成。

2. 控制措施

要完全消滅火災、爆炸事故的發生是不現實的，但可以把火災、爆炸事故控制起來，即使發生了，也應使其局限在一定範圍內。燃完這部份，不再蔓延或擴展開來，這是完全可以而且也應該做到的。如提高建築物的防火性能、防火帶等；在某些設備上裝設各種安全裝置等。

3. 滅火措施

當火災已經釀成，要迅速採取消防措施，無論在消防裝備上以及人員配備和專業訓練方面，都必須事先有所準備，每個操作人員應具備基本的消防知識和技能。此外，在適當的場所應該裝置各種自動滅火裝置，一旦發生火災，就自動噴射滅火，對撲滅火災很有效果。而專業消防隊員及專門滅火設備，在火勢擴大時，是惟一能有效制止火情進一步擴大的有生力量。

4.疏散措施

當火災已經釀成，一方面組織滅火，另一方面要盡可能把貴重器材和人員疏散到安全地帶。在城市滅火中更要注意，使損失縮小到最低限度。這就要求在平時以及設計建築時有全面的考慮。要依規定設置安全出入口、安全疏散距離、疏散樓梯、疏散門、事故照明和安全指示裝置。

總之，火災和爆炸是危害很大但卻難以完全避免的安全事故，因此企業應制定危險物品的管理標準，制定必要的預防和處理措施，儘量把損失降低到最小。

107 生產安全事故處理流程

事故處理是包括事故發生後的緊急處理，並進行調查分析和統計，採取措施及處分有關單位和人員等一系列工作的總稱。

步驟一 確定生產事故性質

員工傷亡事故的性質按與生產的關係程度分為因工傷亡和非因工傷亡兩類。其中屬於因工傷亡的事故包括：

(1)員工在工作和生產過程中的傷亡。

(2)員工為了工作和生產而發生的傷亡。

(3)由於設備和勞動條件問題引起的傷亡(含不在工作崗位)。

(4)在廠區內因運輸工具問題造成的傷亡。

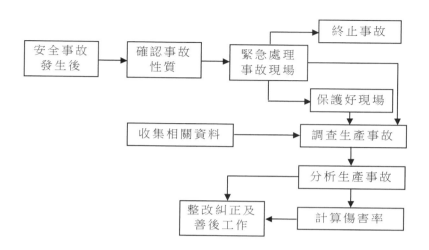

步驟二 緊急處理生產事故

事故往往具有突然性，因此在事故發生後要保持頭腦清醒，切勿驚慌失措，以免擴大生產和人員的損失和傷亡。一般按如下順序處理：

(1)先切斷有關動力來源，如氣(汽)源、電源、火源、水源等。

(2)救出傷亡人員，對傷員進行緊急救護。

(3)大致估計事故的原因及影響範圍。

(4)及時呼喚援助，同時儘快移走易燃、易爆和劇毒等物品，防止事故擴大和減少損失。

(5)採取滅火、防爆、導流、降溫等緊急措施，儘快終止事故。

(6)事故被終止後，要保護好現場，以供調查分析。

步驟三 調查生產事故

1. 收集物證

(1)現場物證包括：破損部件、破片、殘留物。

(2)應將在現場收集到的所有物件貼上標籤，註明地點、時間、現

場負責人。

(3)所有物件應保持原樣，不准沖洗、擦拭。

(4)對具有危害性的物品，應採取不損壞原始證據的安全防護措施。

2.記錄相關材料

(1)發生事故的部門、地點、時間。

(2)受害人和肇事者的姓名、性別、年齡、文化程度、技術等級、工齡、薪資待遇。

(3)事故當天，受害人和肇事者什麼時間開始工作，工作內容、工作量、作業程序、操作動作(或位置)。

(4)受害人和肇事者過去的事故記錄。

3.收集事故背景材料

(1)事故發生前設備、設施等的性能和維修保養狀況。

(2)使用的材料，必要時可進行物理或化學性能實驗與分析。

(3)有關設計和技術方面的文件、工作指令和規章制度及執行情況。

(4)工作環境狀況，包括照明、溫度、濕度、通風、噪音、色彩度、道路狀況以及工作環境中有毒、有害物質取樣分析記錄。

(5)個人防護措施狀況，其有效性、質量如何，使用是否規範。

(6)出事前受害人或肇事者的健康狀況。

(7)其他可能與事故原因有關的細節或因素。

4.收集目擊者材料

要盡快從目擊者那裏收集材料，而且對目擊者的口述材料，應認真考證其真實程度。

5.拍攝事故現場

(1)拍攝殘骸和受害人的所有照片。

(2)拍攝容易被清除或被踐踏的痕跡,如剎車痕跡、地面和建築物的傷痕、火災引起的損害下落物的空間等。

(3)拍攝事故現場全貌。

在調查完畢之後一般要製作事故圖,標明事故發生的場地、受害人的位置等必須的資訊。

步驟四 分析生產事故

1.分析具體內容

(1)受傷部位。

(2)受傷性質。

(3)起因物。

(4)致害物。

(5)傷害程度。

(6)設備不安全狀態。

(7)操作人員的不安全行為。

2.分析事故原因

導致生產事故的原因有很多,一般可以從以下幾方面分析:

(1)勞動組織不合理。

(2)對現場工作缺乏必要和正確地檢查或指導。

(3)沒有安全操作規程或安全操作規程不全面。

(4)沒有或不認真實施事故防範措施,沒及時消除事故隱患。

(5)機械、物質或環境處於不安全狀態。

(6)操作人員具有不安全行為。

(7)技術和設計上有缺陷。如機械設備、技術過程、操作方法、維修檢驗等的設計、施工和材料使用存在問題。

(8)對操作人員的教育培訓不夠,未經培訓、缺乏或不懂安全操作

技術知識的人員在崗作業。

通過事故原因的分析，確定事故的主要負責人，根據事故後果對責任人進行處理。

步驟五 計算傷害率

有時企業需向上級主管部門上報事故傷害率，同時自己也要對事故發生的頻率、嚴重程度進行統計，因此需計算下列比率。

1. 傷害頻率。表示某時期內，每百萬工時事故造成傷害的人數。傷害人數指輕傷、重傷、死亡人數之和。其計算公式為：

$$百萬工時傷害率 = 傷害人數 \div 實際總工時 \times 10^6$$

2. 傷害嚴重程度。表示某時期內，每百萬工時事故造成的損失工作日數。其計算公式為：

$$傷害嚴重程度 = 部損失工作日 \div 實際總工時 \times 10^6$$

千人死亡率。表示某時期內，每千名員工中，因工傷事故造成死亡的人數。其計算公式為：

$$千人死亡率 = 死亡人數 \div 員工人數 \times 10^3$$

千人重傷率。表示某時期內，每千名員工因工傷事故造成的重傷人數。其計算公式為：

$$千人重傷率 = 重傷人數 \div 員工人數 \times 10^3$$

總之，當企業發生生產事故時，一方面要及時搶救人員和物資；另一方面要仔細搜集事故相關的材料，認真分析事故發生的原因，找出主要責任人，同時根據事故發生的原因進行整改，避免下次再出現此類生產事故。

108 設備流程工作標準

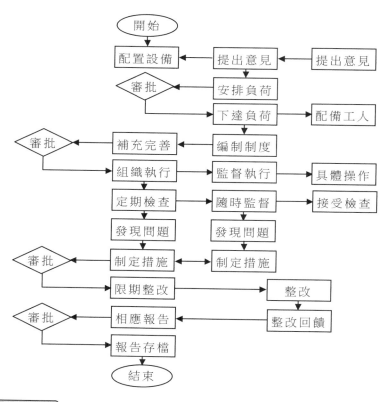

步驟一 安排負荷

(1)流程

· 生產部根據實際需要，對採購的設備配置到相關生產單位（1個工作日內）

· 設備使用單位安排設備負荷（2個工作日內）
· 設備負荷報生產部審批（1個工作日內）
· 設備使用單位按審批意見向生產班組下達負荷指令（即時）
· 生產班組安排專人操作設備，操作人員必須受過該設備專門培訓（1個工作日內）
(2)重點
· 生產單位設備負荷安排
(3)標準
· 負荷安排合理、及時

步驟二　編制具體制度

(1)流程
· 設備使用單位根據設備使用說明書和公司相關制度，編制具體的設備使用制度（2個工作日內）
· 生產部對設備使用制度進行補充、完善（1個工作日內）
· 設備使用制度報生產總監審批（1個工作日內）
(2)重點
· 設備使用制度的編制
(3)標準
· 制度編制及時、完善、可行

步驟三　組織執行

(1)流程
· 生產部組織執行審批的制度
· 設備使用單位隨時監督生產班組設備使用情況
· 生產班組按設備使用制度操作設備

(2)重 點

‧ 設備使用制度在生產班組中的執行

(3)標 準

‧ 制度執行全面、徹底

步驟四　定期檢查

(1)流 程

‧ 生產部定期會同設備使用單位對設備進行檢查，生產班級接受檢查（每月一次）

‧ 檢查過程中發現問題

‧ 生產部與設備使用單位共同制定措施，解決設備使用中的問題（2個工作日內）

‧ 制定的措施報生產總監審批（1個工作日內）

(2)重 點

‧ 設備使用中問題的解決措施制定

(3)標 準

‧ 措施制定及時、準確

步驟五　實施解決措施

(1)流 程

‧ 生產部向設備使用單位下達整改通知（1個工作日內）

‧ 設備使用單位與生產班組共同落實整改措施，相關職能部門和單位給予配合（按規定時間完成）

‧ 設備使用單位和生產班組將整改情況及時回饋給生產部（1個工作日內）

‧ 生產部編制相應的問題處理報告（2個工作日內）

· 問題處理報告報生產總監審批（1個工作日內）
· 生產部將報告存檔（1個工作日內）
(2)重點
· 整改措施的實施
(3)標準
· 設備使用中的問題得到徹底的解決

109 環保管理流程工作標準

| 步驟一 | 制定生產環保指標

(1)流程
· 由生產部環保主管根據有關法律、法規和公司環保生產條例，
  制定當年的環保生產指標（5個工作日內）
· 報生產部部長進行審核（1個工作日內）
· 報生產總監審批（1個工作日內）
(2)重點
· 制定環保生產指標
(3)標準
· 將環保生產指標表格化

| 步驟二 | 執行環保生產檢查

(1)流程
· 年環保生產指標獲得批准後，由生產部長召集環保委員會成

員，落實《年環保工作計劃》，環保主管負責執行（1 個工作日內）

· 將環保計劃及任務指標下發給各下屬生產單位貫徹執行

(2) 重點

· 生產過程環保監控

· 堅持預防為主的方針

(3) 標準

· 查出環保隱患，並提出限期整改要求

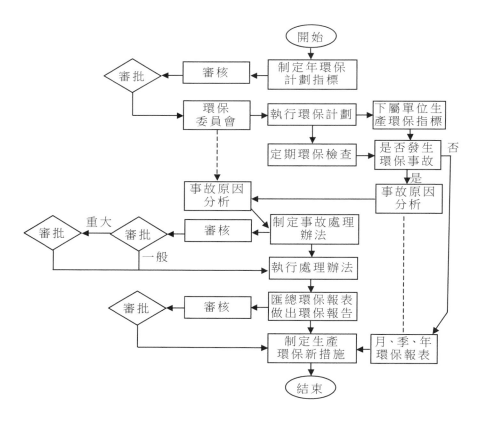

步驟三 生產過程環保檢查

(1)流程

· 各下屬生產單位環保員在具體生產過程中,及時進行環保生產監察(依生產過程定)

· 公司環保生產委員會按季組織環保大檢查,發現問題,及時清除事故隱患(每季一次)

· 如果發生環保事故,由各下屬生產單位環保員將《生產環保事故報告》提交到安委會

· 環保委員會率先分析事故原因,必要時技術部、品質部、人力資源部、企管部等參加

(2)重點

· 分析事故原因

(3)標準

· 事故原因分析報告逐級上報

步驟四 制定事故處理辦法

(1)流程

· 由生產部環保主管提出事故處理辦法(1個工作日內)

· 報環保生產委員會審核,環保生產委員會集體進行討論、補充、修改、完善(1個工作日內)

· 一般環保事故報生產總監審批,並簽署自己的意見(1個工作日內)

· 重大環保事故報公司總裁審批,並簽署自己的意見(1個工作日內)

(2) 重點

· 制定事故處理辦法

(3) 標準

· 堅持原則

步驟五 執行事故處理辦法

(1) 流程

· 事故處理辦法批准後，由生產部環保主管協同子公司環保員執
行事故處理辦法（即時）

(2) 重點

· 環保事故處理

(3) 標準

· 環保事故處理及整改完成情況的驗證

步驟六 匯總年環保生產報表

(1) 流程

· 各下屬生產單位按規定，定期填報環保生產報表，並向公司報
告環保生產情況（1 個工作日內）

· 生產部定期匯總公司環保生產報告；每年年終做出公司環保生
產報告（1 個工作日內）

· 報生產部長審核，提出自己的意見和建議（1 個工作日內）

· 報生產總監審批（即時）

(2) 重點

· 公司環保生產報告

(3) 標準

· 在報告中提出改進措施

步驟七 修訂年環保指標

(1)流程

· 生產部按照批示意見修訂環保生產計劃;落實環保生產新措施
（1 個工作日內）

(2)重點

· 落實環保生產新措施

(3)標準

· 環保措施實施情況總結

110 重大環保事故處理流程工作標準

步驟一 事故定性

(1)流程

· 生產單位發生環保事故時,單位安全員應在第一時間內向生產
部彙報(即時)

· 生產部環保主管根據實際情況,對事故進行定性(重大或一
般)(1 個工作日內)

· 生產總監對事故定性進行審核(1 個工作日內)

· 總裁對事故定性進行審批(1 個工作日內)

(2)重點

· 對所發生的事故進行定性

(3) 標 準

· 事故定性及時、準確

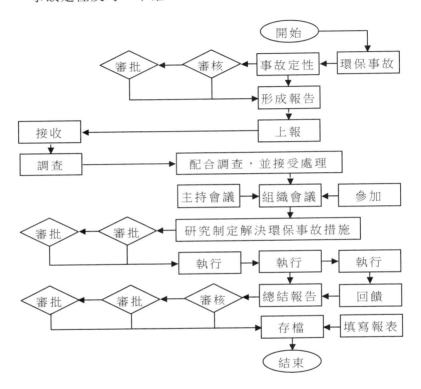

步驟二 **上報政府環保機構**

(1) 流 程

· 生產部環保主管擬寫事故報告(2 個工作日內)

· 事故報告經審批後,由生產部上報地方環保局(1 個工作日內)

· 地方環保局根據事故的實際情況決定是否上報上級環保管理部門,並組織對事故展開調查

· 生產總監、生產部、事故發生單位及相關的部門和單位配合政

府部門的調查，必要時總裁參與配合調查，提供相關資料（隨時）

· 環保局根據環保生產法規，做出處理決定

· 公司接受環保機構的處理，並如實填寫環保生產月報表（即時）

· 生產部環保主管制定新的環保措施，杜絕此類事故再次發生，經審批後下發各單位執行（2 個工作日內）

(2) 重點

· 政府環保機構的調查

(3) 標準

· 積極配合政府環保機構的調查，及時、如實地彙報情況，提供有關資料

步驟三 環保委員會臨時會議

(1) 流程

· 與政府環保機構同步，生產部部長組織召集環保委員會臨時會議（1 個工作日內）

· 生產總監主持環保委員會臨時會議，必要時總裁親自主持會議

· 生產單位負責人參加環保委員會組織的臨時會議

· 環保委員會臨時會議研究制定具體的事故處理解決措施（2 個工作日內）

· 事故解決措施報總裁審批

· 事故解決措施報政府環保管理機構審批

(2) 重點

· 組織公司環保委員會臨時會議，制定解決措施

(3) 標準

· 公司環保委員會臨時會議召開及時，措施合理

步驟四 落實解決措施

(1)流 程

· 事故解決措施經審批後，由生產總監負責組織落實（依情況定）

· 生產部和事故發生單位具體落實環保委員會制定的解決措施，有關職能部門和單位給予配合（隨時）

· 事故發生單位將執行情況回饋到生產部（1 個工作日內）

· 生產部擬寫事故總結報告，並修訂事故預防措施（2 個工作日內）

· 事故總結報告和事故預防措施報生產總監審核（1 個工作日內）

· 事故總結報告和事故預防措施報總裁審批（1 個工作日內）

· 事故總結報告和事故預防措施報政府環保管理機構審批

· 生產部將事故總結報告存檔（即時）

· 事故發生單位和生產部如實填寫環保生產月報表（1 個工作日內）

(2)重 點

· 環保委員會制定的解決措施的落實

(3)標 準

· 措施落實全面、及時

111 （案例）解決生產管理問題

　　對問題進行分類，曾出現過膠皮尺寸偏長的問題。會出現這一問題，是由於脫皮的定位尺寸未做標記，也未給員工明確的標準，而品檢人員也沒有嚴格按產品標準進行檢驗。採取的措施是馬上返工，然後對責任人進行通報批評。同時對其他部門的班組長展開專案品質教育。當時工廠裏有很多生產線，每條生產線由許多工位組成，雖然只是某個工位發生的問題，但這一問題也可能在其他工位發生，所以也要對其他工位的班組長進行培訓，並要求班組長回去以後，對他的員工進行品質教育。

　　針對這個問題，採取以下改善措施：

　　對脫皮機定位尺寸並用膠水粘牢。這樣，線頂過去剛剛好，誰也不會弄錯；要求品檢人員嚴格按圖紙尺寸檢查作判定，經常測量尺寸對不對；對班組長的工作也要進行抽查。表格中的 C 是將問題定的級別，表明問題的嚴重程度。

問題記錄表

序號	日期	事故現狀描述	應急措施	原因分析	責任人處理	橫向展開教育	改善對策	級別
1	11/15	膠皮到HSG尺寸偏長（內部抱怨）	返工	①脫皮定位尺寸未標記 ②品檢員沒有嚴格按產品標準檢驗	責任人通報批評	對本部門所有班組長作橫向展開專案品質教育	①對脫皮機定位尺寸並用膠水粘牢 ②要求品檢員嚴格按圖紙尺寸檢查作判定，不良品及時挑出，班組長不定時作檢查	C
2	11/20	日規二插+SR壓線	返工	①線溝偏低，導致壓線 ②作業員操作手法不正確，線材未擺正	對相關人員進行批評教育	對類似產品作橫向展開專案品質教育	①請工程改線 ②糾正操作手法並且保證每一條線擺正後方可關模	B
3	11/24	圖紙印字要求為XYP-201,而實標生產為XYP-01	分析檢討	①員工、班長、品管人員沒有認真確認首件並未嚴格執行 ②同規格插頭兩種以上的新亞編號字板	相關責任人作教育及處罰	對本部門所有模具橫向展開追蹤，對同規格同客戶的模具字板做統一	①對班長監督確認首件的落實情況 ②要求工程同一客戶同規格的模具統一編碼	B

續表

序號	日期	事故現狀描述	應急措施	原因分析	責任人處理	橫向展開教育	改善對策	級別
4	11/27	抱怨歐規二插+SR+HSG端子有退PIN現象	分析改善	端子倒鉤變形彈片下陷，造成倒鉤不能完全卡膠殼倒槽	對相關人員進行處罰，批評教育	對相關責任人進行專案品質教育	① 鉚壓後端子要求作外觀全檢，對不良品及時區分，並剪掉重新鉚壓 ② 組裝時落實一聽二看三反拉的作業方法	B
5	11/28	生管輸單錯誤（訂單3438PCS打生產通知單時輸單為34407PCS	立即停止生產，查清損失金額	責任人工作沒有做到位、粗心大意，打好生產通知單後沒有再次核對業務訂單	對責任人進行相應的處罰教育	對本次異常展開橫向教育	更改作業流程，追加K3內部審核權	C

　　表中的第二個案例也是關於電線的。它也有事故描述、應急措施、原因分析、責任人處理，還有類似產品橫向展開專案品質教育。另外，改善對策也清楚了，這個問題的級別被定為B。

　　第三、第四個問題情況也差不多，第五個問題是輸錯單了，本來訂單是 3438PCS，結果輸成了 34407PCS，這就是工作品質不良造成的後果，這也是為什麼生產管理者一再強調間接員工一定要講工作品質的原因。

　　以此類推，每一個問題都可以用這種方法記錄，並把它們做成電子文檔保存在電腦裏面。一旦問題重覆出現，就可以查看其發生的次數，並做好備註。當然，記錄表裏面最好列出對原因的分析，也要有相應的措施，這樣才能把 PDCA 落到實處。

　　上表的備註欄裏有 B、C 等字母，這是企業對問題輕重程度的一種分類。生產管理者應對不同嚴重程度的問題給予不同的處理時間。例如，對 A 類問題，企業要求生產管理者要在 2 小時內把應急措施、原因分析、責任人處理等工作做完，在 24 小時之內進行橫向展開專案品質教育並採取改善措施。B 類問題要在 4 個小時內處理完畢，C 類問題要在 8 小時內處理完畢。

　　解決問題必須按問題的嚴重程度逐一處理，越重要緊急的問題，處理的時間會越短，以減少損失。

按輕重程度對問題進行分類

問題類型	應急措施/原因分析/責任人處理	橫向展開專案品質教育/改善措施
A類	2小時內	24小時
B類	4小時內	24小時
C類	8小時內	48小時

112 （案例）電腦線外觀不良的改善

客戶對電腦線的不良率要求非常苛刻，而電腦線外觀不良率佔電腦線總不良率的80%以上，由此引起客戶抱怨和退貨的情況時有發生。

改善目標：將電腦線外觀不良率從 2.68%降到 0.68%。

針對此問題，首先應該把握現狀、研究解決方案，然後找到改善目標。把所有的不良項目找出來，如尺寸不良、表面不良、碰傷，等等，然後將其所有數據用表格一一列出來。

有了電腦外觀不良率統計表，就可以用柏拉圖對其進行分析。柏拉圖分析法的目的是把眾多數據重新組合排列，排成有意義的圖表，從而找出問題產生的原因。

透過柏拉圖分析法，我們得知影響產品品質的主要因素是尺寸不良和表面不良，假設尺寸不良為 A，表面不良為 B，就要重點分析 A、B 兩項內容，這時就要用到魚骨圖，因為它能透過現象看本質，找到問題的根本原因。

魚骨圖是非常實用的分析圖，它簡潔實用、具體直觀，是尋找問題根本原因的好方法。魚骨圖是 QC 手法裏最有效，也是最有用的一種分析方法，每個生產管理者都應該學會使用。

魚骨圖的畫法非常簡單，首先畫出主骨，並填好「魚頭」的內容；然後依次畫出「大骨」，填寫重要因素；畫出「中骨」、「小骨」，填寫次要因素，並用特殊符號標記重點內容。

電腦線外觀不良查檢表

不良項目＼日期	10月8日	10月9日	10月10日	11月11日	10月12日	10月13日	10月14日	10月15日	11月16日	10月17日	合計
尺寸不良	16	15	14	15	18	13	14	15	15	14	149
表面不良	7	6	8	6	8	6	9	6	7	6	69
SR露銅絲	1	2	1	3	4	2	1	3	2	3	22
開口	1	0	0	1	1	0	1	1	0	1	6
碰傷	2	0	1	0	1	0	2	0	1	0	7
其他	1	0	1	2	3	2	2	1	1	2	15
合計	28	23	25	27	35	23	29	26	26	26	268
查檢數	1000	1000	1000	1000	1000	1000	1000	1000	1000	1000	10000
不良率（%）	2.8	2.3	2.5	2.7	3.5	2.3	2.9	2.6	2.6	2.6	2.68

查檢人：

查檢時間：2016 年 9 月 8 日至 9 月 20 日每天下午 14 時至 16 時

查檢週期：一天一次查檢方法：抽查

查檢數： 1000 條/天

記錄方式： 數字

判定方式：

尺寸不良——電腦線長度不在允許範圍之內

表面不良——由於縮水造成的凹面

SR 露銅絲——接頭與線材接口

露銅絲開口——接頭該吻合處出現裂縫

碰傷——表面出現劃痕

電腦線外觀不良統計表

不良項目	不良數	不良率(%)	累計不良率(%)	影響度(%)	累計影響度(%)
尺寸不良	149	1.49	1.49	55.60	55.60
表面不良	69	0.69	2.18	25.75	81.35
SR露銅絲	22	0.22	2.40	8.21	89.56
開口	6	0.06	2.46	2.24	91.80
碰傷	7	0.07	2.53	2.61	94.41
其他	15	0.15	2.68	5.59	100
合計	268	2.68		100	

對電腦線外觀不良率的柏拉圖分析

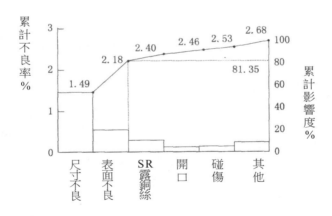

　　魚骨圖既簡單又實用，一學就懂、一做就有效。再次強調把簡單的事情做好就是非常不簡單的，做生產管理就要提倡使用簡單的方法。

　　魚骨圖畫出來了，對電腦線尺寸不良率的特性要因進行分析後找到了四個重要因素，分別列出來。

電腦線尺寸不良的要因分析

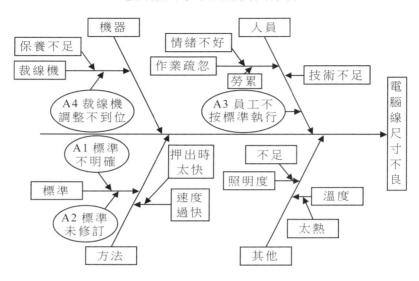

電腦線表面不良的要因分析

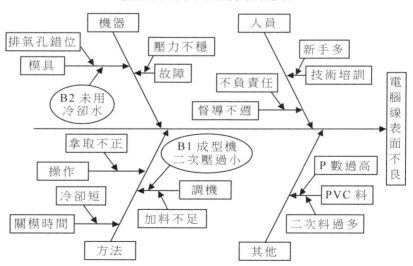

對電腦線外觀不良率的特性要因分析也使用同樣的方法，找出B1、B2 兩個重要因素。找出要因後，就要針對各個問題提出解決方案，即制訂相關的對策。制訂對策以後，明確責任人、時間期限，最後就去實施。

對策的制訂與實施

不良項目	要因細分	對策提出	效果	費用	可行性	期間	得分	順位	提案人	試行日期	負責人
A電腦線尺寸不良	A1 標準不明確	制定明確的標準	5	5	5	3	20	1			
	A2 標準未修訂	對標準不斷修訂	3	3	5	3	14	4			
	A3 員工不按標準執行	實施教育訓練	5	3	5	5	18	3			
	A4 裁線機調整不夠	實施教育訓練	5	5	5	3	18	3			
		對裁線機進行點檢調整	5	3	5	5	18	2			
B電腦線表面不良	B1 成型機二次壓過小	將二次壓從15千克調至20千克	5	5	5	5	20	1			
	B2 未用冷卻水	安裝冷卻水管	5	5	5	3	18	1			

實施工作完成以後要比較改善對策實施前、實施中、實施後的差異。

問題解決以後，就要將解決問題的方法標準化，如果不標準化，過了一段時間，類似的問題就會再次發生。如將解決的方法標準化，類似的問題就不會再發生。

總之，運用 PDCA 解決問題的幾個步驟如下：把現狀分析出來；用柏拉圖分析原因，然後透過畫魚骨圖找出問題的要因；針對重要原因制訂對策；制訂對策以後，實施對策；實施對策之後檢查效果；如果效果很好要將其標準化；如果沒有效果，進入第二個 PDCA 循環。

解決問題的方法標準化

	原訂標準	新訂或修訂標準	修訂	制定
1	無標準	制訂《電腦線尺寸執行標準》		√
2	員工QC教育訓練2小時/月	員工QC教育訓練12小時/月	√	
3	設備查檢標準：裁線機點檢1次/週	設備查檢標準：裁線機點檢1次/天	√	
4	押出機操作規程：二次壓15千克	押出機操作規程：二次壓20千克	√	

臺灣的核心競爭力，就在這裏！

圖書出版目錄

下列圖書是由臺灣的憲業企管顧問（集團）公司所出版，自1993年秉持專業立場，特別注重實務應用，50餘位顧問師為企業界提供最專業的經營管理類圖書。

選購企管書，敬請認明品牌：**憲業企管公司**。

1. 傳播書香社會，直接向本出版社購買，一律9折優惠，郵遞費用由本公司負擔。服務電話(02)27622241　(03)9310960　傳真(03)9310961

2. 付款方式：請將書款轉帳到我公司下列的銀行帳戶。

- 銀行名稱：合作金庫銀行（敦南分行）　帳號：**5034-717-347447**
- 公司名稱：憲業企管顧問有限公司
- 郵局劃撥號碼：**18410591**　郵局劃撥戶名：憲業企管顧問公司

3. 圖書出版資料每週隨時更新，請見網站 www.bookstore99.com

───── 經營顧問叢書 ─────

25	王永慶的經營管理	360元	129	邁克爾‧波特的戰略智慧	360元
47	營業部門推銷技巧	390元	130	如何制定企業經營戰略	360元
52	堅持一定成功	360元	135	成敗關鍵的談判技巧	360元
56	對準目標	360元	137	生產部門、行銷部門績效考核手冊	360元
60	寶潔品牌操作手冊	360元			
72	傳銷致富	360元	139	行銷機能診斷	360元
78	財務經理手冊	360元	140	企業如何節流	360元
79	財務診斷技巧	360元	141	責任	360元
86	企劃管理制度化	360元	142	企業接棒人	360元
91	汽車販賣技巧大公開	360元	144	企業的外包操作管理	360元
97	企業收款管理	360元	146	主管階層績效考核手冊	360元
100	幹部決定執行力	360元	147	六步打造績效考核體系	360元
122	熱愛工作	360元	148	六步打造培訓體系	360元
125	部門經營計劃工作	360元	149	展覽會行銷技巧	360元

276	輕鬆擁有幽默口才	360 元
277	各部門年度計劃工作（增訂二版）	360 元
278	面試主考官工作實務	360 元
279	總經理重點工作（增訂二版）	360 元
282	如何提高市場佔有率（增訂二版）	360 元
283	財務部流程規範化管理（增訂二版）	360 元
284	時間管理手冊	360 元
285	人事經理操作手冊（增訂二版）	360 元
286	贏得競爭優勢的模仿戰略	360 元
287	電話推銷培訓教材（增訂三版）	360 元
288	贏在細節管理（增訂二版）	360 元
289	企業識別系統 CIS（增訂二版）	360 元
290	部門主管手冊（增訂五版）	360 元
291	財務查帳技巧（增訂二版）	360 元
292	商業簡報技巧	360 元
293	業務員疑難雜症與對策（增訂二版）	360 元
294	內部控制規範手冊	360 元
295	哈佛領導力課程	360 元
296	如何診斷企業財務狀況	360 元
297	營業部轄區管理規範工具書	360 元
298	售後服務手冊	360 元
299	業績倍增的銷售技巧	400 元
300	行政部流程規範化管理（增訂二版）	400 元
301	如何撰寫商業計畫書	400 元
302	行銷部流程規範化管理（增訂二版）	400 元
303	人力資源部流程規範化管理（增訂四版）	420 元
304	生產部流程規範化管理（增訂二版）	400 元
305	績效考核手冊（增訂二版）	400 元
306	經銷商管理手冊（增訂四版）	420 元
307	招聘作業規範手冊	420 元

308	喬・吉拉德銷售智慧	400 元
309	商品鋪貨規範工具書	400 元
310	企業併購案例精華（增訂二版）	420 元
311	客戶抱怨手冊	400 元
312	如何撰寫職位說明書（增訂二版）	400 元
313	總務部門重點工作（增訂三版）	400 元
314	客戶拒絕就是銷售成功的開始	400 元
315	如何選人、育人、用人、留人、辭人	400 元
316	危機管理案例精華	400 元
317	節約的都是利潤	400 元
318	企業盈利模式	400 元
319	應收帳款的管理與催收	420 元
320	總經理手冊	420 元
321	新產品銷售一定成功	420 元
322	銷售獎勵辦法	420 元
323	財務主管工作手冊	420 元
324	降低人力成本	420 元

《商店叢書》

18	店員推銷技巧	360 元
30	特許連鎖業經營技巧	360 元
35	商店標準操作流程	360 元
36	商店導購口才專業培訓	360 元
37	速食店操作手冊〈增訂二版〉	360 元
38	網路商店創業手冊〈增訂二版〉	360 元
40	商店診斷實務	360 元
41	店鋪商品管理手冊	360 元
42	店員操作手冊（增訂三版）	360 元
44	店長如何提升業績〈增訂二版〉	360 元
45	向肯德基學習連鎖經營〈增訂二版〉	360 元
47	賣場如何經營會員制俱樂部	360 元
48	賣場銷量神奇交叉分析	360 元
49	商場促銷法寶	360 元
53	餐飲業工作規範	360 元

54	有效的店員銷售技巧	360 元
55	如何開創連鎖體系〈增訂三版〉	360 元
56	開一家穩賺不賠的網路商店	360 元
57	連鎖業開店複製流程	360 元
58	商鋪業績提升技巧	360 元
59	店員工作規範（增訂二版）	400 元
60	連鎖業加盟合約	400 元
61	架設強大的連鎖總部	400 元
62	餐飲業經營技巧	400 元
63	連鎖店操作手冊（增訂五版）	420 元
64	賣場管理督導手冊	420 元
65	連鎖店督導師手冊（增訂二版）	420 元
66	店長操作手冊（增訂六版）	420 元
67	店長數據化管理技巧	420 元
68	開店創業手冊〈增訂四版〉	420 元
69	連鎖業商品開發與物流配送	420 元
70	連鎖業加盟招商與培訓作法	420 元
71	金牌店員內部培訓手冊	420 元
72	如何撰寫連鎖業營運手冊〈增訂三版〉	420 元

《工廠叢書》

15	工廠設備維護手冊	380 元
16	品管圈活動指南	380 元
17	品管圈推動實務	380 元
20	如何推動提案制度	380 元
24	六西格瑪管理手冊	380 元
30	生產績效診斷與評估	380 元
32	如何藉助 IE 提升業績	380 元
38	目視管理操作技巧（增訂二版）	380 元
46	降低生產成本	380 元
47	物流配送績效管理	380 元
51	透視流程改善技巧	380 元
55	企業標準化的創建與推動	380 元
56	精細化生產管理	380 元
57	品質管制手法〈增訂二版〉	380 元
58	如何改善生產績效〈增訂二版〉	380 元
68	打造一流的生產作業廠區	380 元

70	如何控制不良品〈增訂二版〉	380 元
71	全面消除生產浪費	380 元
72	現場工程改善應用手冊	380 元
75	生產計劃的規劃與執行	380 元
77	確保新產品開發成功（增訂四版）	380 元
79	6S 管理運作技巧	380 元
83	品管部經理操作規範〈增訂二版〉	380 元
84	供應商管理手冊	380 元
85	採購管理工作細則〈增訂二版〉	380 元
87	物料管理控制實務〈增訂二版〉	380 元
88	豐田現場管理技巧	380 元
89	生產現場管理實戰案例〈增訂三版〉	380 元
90	如何推動 5S 管理（增訂五版）	420 元
92	生產主管操作手冊(增訂五版)	420 元
93	機器設備維護管理工具書	420 元
94	如何解決工廠問題	420 元
95	採購談判與議價技巧〈增訂二版〉	420 元
96	生產訂單運作方式與變更管理	420 元
97	商品管理流程控制(增訂四版)	420 元
98	採購管理實務〈增訂六版〉	420 元
99	如何管理倉庫〈增訂八版〉	420 元
100	部門績效考核的量化管理（增訂六版）	420 元
101	如何預防採購舞弊	420 元
102	生產主管工作技巧	420 元
103	工廠管理標準作業流程〈增訂三版〉	420 元

《醫學保健叢書》

1	9 週加強免疫能力	320 元
3	如何克服失眠	320 元
4	美麗肌膚有妙方	320 元
5	減肥瘦身一定成功	360 元
6	輕鬆懷孕手冊	360 元
7	育兒保健手冊	360 元

8	輕鬆坐月子	360 元
11	排毒養生方法	360 元
13	排除體內毒素	360 元
14	排除便秘困擾	360 元
15	維生素保健全書	360 元
16	腎臟病患者的治療與保健	360 元
17	肝病患者的治療與保健	360 元
18	糖尿病患者的治療與保健	360 元
19	高血壓患者的治療與保健	360 元
22	給老爸老媽的保健全書	360 元
23	如何降低高血壓	360 元
24	如何治療糖尿病	360 元
25	如何降低膽固醇	360 元
26	人體器官使用說明書	360 元
27	這樣喝水最健康	360 元
28	輕鬆排毒方法	360 元
29	中醫養生手冊	360 元
30	孕婦手冊	360 元
31	育兒手冊	360 元
32	幾千年的中醫養生方法	360 元
34	糖尿病治療全書	360 元
35	活到 120 歲的飲食方法	360 元
36	7 天克服便秘	360 元
37	為長壽做準備	360 元
39	拒絕三高有方法	360 元
40	一定要懷孕	360 元
41	提高免疫力可抵抗癌症	360 元
42	生男生女有技巧〈增訂三版〉	360 元

《培訓叢書》

11	培訓師的現場培訓技巧	360 元
12	培訓師的演講技巧	360 元
15	戶外培訓活動實施技巧	360 元
17	針對部門主管的培訓遊戲	360 元
21	培訓部門經理操作手冊（增訂三版）	360 元
23	培訓部門流程規範化管理	360 元
24	領導技巧培訓遊戲	360 元
26	提升服務品質培訓遊戲	360 元
27	執行能力培訓遊戲	360 元
28	企業如何培訓內部講師	360 元

29	培訓師手冊（增訂五版）	420 元
30	團隊合作培訓遊戲（增訂三版）	420 元
31	激勵員工培訓遊戲	420 元
32	企業培訓活動的破冰遊戲（增訂二版）	420 元
33	解決問題能力培訓遊戲	420 元
34	情商管理培訓遊戲	420 元
35	企業培訓遊戲大全（增訂四版）	420 元
36	銷售部門培訓遊戲綜合本	420 元

《傳銷叢書》

4	傳銷致富	360 元
5	傳銷培訓課程	360 元
10	頂尖傳銷術	360 元
12	現在輪到你成功	350 元
13	鑽石傳銷商培訓手冊	350 元
14	傳銷皇帝的激勵技巧	360 元
15	傳銷皇帝的溝通技巧	360 元
19	傳銷分享會運作範例	360 元
20	傳銷成功技巧（增訂五版）	400 元
21	傳銷領袖（增訂二版）	400 元
22	傳銷話術	400 元
23	如何傳銷邀約	400 元

《幼兒培育叢書》

1	如何培育傑出子女	360 元
2	培育財富子女	360 元
3	如何激發孩子的學習潛能	360 元
4	鼓勵孩子	360 元
5	別溺愛孩子	360 元
6	孩子考第一名	360 元
7	父母要如何與孩子溝通	360 元
8	父母要如何培養孩子的好習慣	360 元
9	父母要如何激發孩子學習潛能	360 元
10	如何讓孩子變得堅強自信	360 元

《成功叢書》

1	猶太富翁經商智慧	360 元
2	致富鑽石法則	360 元
3	發現財富密碼	360 元

《企業傳記叢書》

1	零售巨人沃爾瑪	360 元
2	大型企業失敗啟示錄	360 元

3	企業併購始祖洛克菲勒	360 元
4	透視戴爾經營技巧	360 元
5	亞馬遜網路書店傳奇	360 元
6	動物智慧的企業競爭啟示	320 元
7	CEO 拯救企業	360 元
8	世界首富　宜家王國	360 元
9	航空巨人波音傳奇	360 元
10	傳媒併購大亨	360 元

《智慧叢書》

1	禪的智慧	360 元
2	生活禪	360 元
3	易經的智慧	360 元
4	禪的管理大智慧	360 元
5	改變命運的人生智慧	360 元
6	如何吸取中庸智慧	360 元
7	如何吸取老子智慧	360 元
8	如何吸取易經智慧	360 元
9	經濟大崩潰	360 元
10	有趣的生活經濟學	360 元
11	低調才是大智慧	360 元

《DIY 叢書》

1	居家節約竅門 DIY	360 元
2	愛護汽車 DIY	360 元
3	現代居家風水 DIY	360 元
4	居家收納整理 DIY	360 元
5	廚房竅門 DIY	360 元
6	家庭裝修 DIY	360 元
7	省油大作戰	360 元

《財務管理叢書》

1	如何編制部門年度預算	360 元
2	財務查帳技巧	360 元
3	財務經理手冊	360 元
4	財務診斷技巧	360 元
5	內部控制實務	360 元
6	財務管理制度化	360 元
8	財務部流程規範化管理	360 元
9	如何推動利潤中心制度	360 元

為方便讀者選購，本公司將一部分上述圖書又加以專門分類如下：

《主管叢書》

1	部門主管手冊（增訂五版）	360 元
2	總經理手冊	420 元
4	生產主管操作手冊（增訂五版）	420 元
5	店長操作手冊（增訂六版）	420 元
6	財務經理手冊	360 元
7	人事經理操作手冊	360 元
8	行銷總監工作指引	360 元
9	行銷總監實戰案例	360 元

《總經理叢書》

1	總經理如何經營公司（增訂二版）	360 元
2	總經理如何管理公司	360 元
3	總經理如何領導成功團隊	360 元
4	總經理如何熟悉財務控制	360 元
5	總經理如何靈活調動資金	360 元
6	總經理手冊	420 元

《人事管理叢書》

1	人事經理操作手冊	360 元
2	員工招聘操作手冊	360 元
3	員工招聘性向測試方法	360 元
5	總務部門重點工作（增訂三版）	400 元
6	如何識別人才	360 元
7	如何處理員工離職問題	360 元
8	人力資源部流程規範化管理（增訂四版）	420 元
9	面試主考官工作實務	360 元
10	主管如何激勵部屬	360 元
11	主管必備的授權技巧	360 元
12	部門主管手冊（增訂五版）	360 元

《理財叢書》

1	巴菲特股票投資忠告	360 元
2	受益一生的投資理財	360 元
3	終身理財計劃	360 元
4	如何投資黃金	360 元
5	巴菲特投資必贏技巧	360 元
6	投資基金賺錢方法	360 元
7	索羅斯的基金投資必贏忠告	360 元

8	巴菲特為何投資比亞迪	360 元

《網路行銷叢書》

1	網路商店創業手冊〈增訂二版〉	360 元
2	網路商店管理手冊	360 元
3	網路行銷技巧	360 元
4	商業網站成功密碼	360 元
5	電子郵件成功技巧	360 元

6	搜索引擎行銷	360 元

《企業計劃叢書》

1	企業經營計劃〈增訂二版〉	360 元
2	各部門年度計劃工作	360 元
3	各部門編制預算工作	360 元
4	經營分析	360 元
5	企業戰略執行手冊	360 元

請保留此圖書目錄：

　　未來在長遠的工作上，此圖書目錄

可能會對您有幫助！！

使用培訓、提升企業競爭力是萬無一失、事半功倍的方法。其效果更具有超大的「投資報酬力」！

好消息

最 暢 銷 的 商 店 叢 書

名稱	特價	名稱	特價
4 餐飲業操作手冊	390 元	35 商店標準操作流程	360 元
5 店員販賣技巧	360 元	36 商店導購口才專業培訓	360 元
10 賣場管理	360 元	37 速食店操作手冊〈增訂二版〉	360 元
12 餐飲業標準化手冊	360 元	38 網路商店創業手冊〈增訂二版〉	360 元
13 服飾店經營技巧	360 元	39 店長操作手冊（增訂四版）	360 元
18 店員推銷技巧	360 元	40 商店診斷實務	360 元
19 小本開店術	360 元	41 店鋪商品管理手冊	360 元
20 365 天賣場節慶促銷	360 元	42 店員操作手冊（增訂三版）	360 元
29 店員工作規範	360 元	43 如何撰寫連鎖業營運手冊〈增訂二版〉	360 元
30 特許連鎖業經營技巧	360 元	44 店長如何提升業績〈增訂二版〉	360 元
32 連鎖店操作手冊（增訂三版）	360 元	45 向肯德基學習連鎖經營〈增訂二版〉	360 元
33 開店創業手冊〈增訂二版〉	360 元	46 連鎖店督導師手冊	360 元
34 如何開創連鎖體系〈增訂二版〉	360 元	47 賣場如何經營會員制俱樂部	360 元

上述各書均有在書店陳列販賣，若書店賣完而來不及由庫存書補充上架，請讀者直接向店員詢問、購買，最快速、方便！**購買方法如下：**

銀行名稱：合作金庫銀行 敦南分行(代碼：006)

帳號：5034-717-347-447

公司名稱：憲業企管顧問有限公司

郵局劃撥帳號：18410591

在海外出差的‥‥‥‥
臺 灣 上 班 族
不斷學習，持續投資在自己的競爭力，最划得來的‥‥‥

愈來愈多的台灣上班族，到海外工作（或海外出差），對工作的努力與敬業，是台灣上班族的核心競爭力；一個明顯的例子，返台休假期間，台灣上班族都會抽空再買書，設法充實自身專業能力。

[憲業企管顧問公司] 以專業立場，為企業界提供專業咨詢，並提供最專業的各種經營管理類圖書。

85%的台灣上班族都曾經有過購買（或閱讀）[憲業企管顧問公司] 所出版的各種企管圖書。

建議你：工作之餘要多看書，加強競爭力。

建立企業圖書館

當市場競爭激烈時：

培訓員工，強化員工競爭力
是企業最佳對策

「人才」是企業最大的財富。如何提升人才，是企業永續經營、戰勝對手的核心競爭力。積極培訓公司內部員工，是經濟不景氣時期的最佳戰略，而最快速的具體作法，就是「建立企業內部圖書館，鼓勵員工多閱讀、多進修專業書籍」

建議您：請一次購足本公司所出版各種經營管理類圖書，作為貴公司內部員工培訓圖書。使用率高的（例如「贏在細節管理」），準備 3 本；使用率低的（例如「工廠設備維護手冊」），只買 1 本。

工廠叢書 ⑩103   售價：420 元

工廠管理標準作業流程（增訂三版）

西元二〇一三年一月	二版一刷
西元二〇一五年九月	二版二刷
西元二〇一七年五月	增訂三版一刷

編輯指導：黃憲仁

編著：余幼龍

策劃：麥可國際出版有限公司（新加坡）

編輯：蕭玲

校對：劉飛娟

發行人：黃憲仁

發行所：憲業企管顧問有限公司

電話：(02) 2762-2241　　(03) 9310960　　0930872873

電子郵件聯絡信箱：huang2838@yahoo.com.tw

銀行 ATM 轉帳：合作金庫銀行　　帳號：5034-717-347447

郵政劃撥：18410591　　憲業企管顧問有限公司

江祖平律師顧問：紙品書、數位書著作權與版權均歸本公司所有

登記證：行政業新聞局版台業字第 6380 號

本公司徵求海外版權出版代理商（0930872873）